柳家さん喬「笑い」の流儀

柳家さん喬

ビジネス社

はじめに

はじめまして。柳家さん喬と申します。

今から56年前、高校を卒業して飛び込んだのが、何の因果か落語の世界でした。

毎日、あっちの寄席、こっちのホールへと出かけては、長屋連中のうわさ話や揉めごと、間抜けなやりとりをお客様に聴かせ、たまには人情噺でホロッとさせる。経済成長や株価には何ら影響のない、そんなおしゃべりをして回るのが私の仕事です。

聴いていただいても、お客様の人生が変わるなんてことはありませんが、笑ってもらったり、涙を流してもらったりして「なんだか心がスッキリしたよ」って、そんな噺をさせていただくのが私の生業です。

そんな私に、このたび、「笑い」という「仕事」について、本にしたいとのご依頼をちょうだいいたしました。

私の仕事論？　私が？　なんで？

仕事の道具は扇子と手拭いだけ。着物を着て座布団にちょこんと座ってしばしのあいだ、おしゃべりするというずいぶんと呑気な仕事をしてきた私が、「仕事論」などという大それた話をするなど、滅相もございません。

ただ、長年続けてきた落語家という仕事について、一つだけ言えること、それは喜怒哀楽、人情の機微をお客様に伝えるこの仕事を、私は心から愛しているということです。「愛している」なんちゃって、キザですかね。

ともかく、大それたお話はできませんが、私を育ててくださった師匠や兄弟弟子、仲間、お客様、そして師匠である私を師匠とも思わないうちの弟子どものことなど、そんな経験なら、いくらかお話しする価値はあるかもしれないと思ってお引き受けしました。

この本の売りは、なんて、いきなりネタばらしをしてどうする、という話かもしれませんが、この本で是非ご注目いただきたいのは、私の新作落語を20年来書いてくだすっている、黒田絵美子さんの新作落語論、そして、ところどころに挟まれた落語の速記録です。

あらっ？

すぐにそのページをめくっている、そこのあなた、あんまりじゃありませんか？

私が書いたところも、ちゃんと読んでくださいね。

古典、新作、それぞれの成り立ちや意味合いを比較することによって、伝統を守り未来へつなぐ。そのことの重要性はわかっていながら、なかなかどうやって実現したらいいのかわかりません。でも、この本を書くことで、私自身（もちろん皆様も）、そのことへのヒントが、見つかるかもしれないと期待しています。

おっと、これ以上話していると、ここで飽きてしまう方が続出する危険性大。

まくらはこの辺にして、あとは本編をごゆっくり「たっぷり！」楽しんでいただければ、これに勝る喜びはございません。

第2章 「笑い」を武器にする

第3章　「笑い」を共有する

第4章 「笑い」を変える

第5章 「笑い」を広げる

第6章 「笑い」を守る

序章 ——「笑い」を意識する

落語が身近になった柳橋師匠のクイズ

まずは自己紹介から。

私は1948（昭和23）年、東京の本所吾妻橋《ほんじょあづまばし》生まれです。本名は稲葉稔《いなばみのる》。うちの親父も本所育ちで、本所吾妻橋で乾物屋を営んでいました。

子どものころは、まだ戦争の爪あともけっこう残っていました。うちの前を都電が走っていましたが、夜中に米軍の戦車が茨城県の霞ヶ浦《かすみがうら》に移動するのにガラガラと線路の上を曲がって行きます。すると、キャタピラが線路の鉄とこすれて、火花が飛んでいったのです。子どものころはそれが怖いと感じていました。

うちから通り一つ隔てて木賃宿《きちんやど》がありましてね。当時はラブホテルなんてない時代です。終戦後、間もないころでしたから、GI（米兵）と腕を組んで歩く、いわゆるステッキガールが近所に大勢いました。

父の乾物屋にコーラを置いておくと、GIがそういう女性たちとの出会いを求めて店に来たんですね。なんだか敗戦の悲しみの残像を見るようで、私はコーラの存在は知っていても飲む気にはならなかった。飲んだのは高校生になってからです。でも、一度飲んじゃったら癖になって、コーラなしでは生きていけなくなりました。今でも大好きです（笑）。

それから、「ギブ・ミー・チョコレート」ってご存じですか？

当時、子どもと見ると大きなハーシーズの板チョコをＧＩがくれました。子どもたちもＧＩを見かけると「ギブ・ミー・チョコレート」ってねだってね。亡くなった兄は要領がいいからもらっていましたが、私はねだってモノをもらうことが嫌な気がして、絶対にもらいませんでした。子ども心に、そんな戦争の記憶が残っています。

親父は、自分ではやりませんでしたが、芸事が好きでした。戦前は近所に本所若宮《ほんじょわかみや》亭《てい》という寄席があったと言っていました。浪花節《なにわぶし》の寄席もあって、よく聴いていたようです。親父の時代には町内に一つぐらいは寄席があったといいます。私はおじいちゃんに連れられて浅草の松竹演芸場によく行きましたが、そうじゃなかったら、自分からは行かなかったでしょう。

落語に興味を持ったのは小学生のときです。

ラジオの演芸番組で、六代目春風亭柳橋《しゅんぷうていりゅうきょう》師匠（1899〜1979）の落語が終わり、インタビューのようなものがありました。ラジオを聴いていた私は、柳橋師匠が出したクイズに思わず答えたんですね。そうしたら偶然ですが、収録現場の会場にいた子どもさんが私と同じ答えを言って、柳橋師匠から「ボク、よくわかったね」と褒められたんです。

なんだか自分が褒められたような気がして、それから落語が一気に身近なものになりました。

憧れだった水谷先生

1954（昭和29）年に入った小学校は、昔の区割りでは旧向島区の小梅《こうめ》小学校、三《み》囲《めぐり》神社の隣でした。吾妻橋二丁目の私のところだけが小梅小学校なんです。私のうちか

子どものころ、兄弟とともに。
左端が紅顔（厚顔？）の美少年だった私。

そしてこちらが中央大学附属高校時代の
キリっとした私。

ら4分もかからないところに横川小学校というのがあって、隣町の子どもたちはその横川小学校に通っていました。

小梅は花柳界《かりゅう》で有名な向島の町です。ですから、小梅小学校に通わせてもらったおかげで、ほんとに今でも街並みを思い出せるぐらい鮮明な記憶があります。それが噺家になってから、噺を掘り下げて練り上げるうえで大きな助けになりました。

私は小学生のころから隅っこにいるほうが好きで、学級委員なんか絶対やりたくなかった。でも、そんなに引っ込み思案のくせに、やれって言われると学芸会の主役を喜んでやるような子どもでした(笑)。

実際、3回主役をやらせてもらったんです。最初は1年生のときの「くるみ割り人形」。馬の役で親父が馬の顔のかぶり物を作ってくれました。もっとも、セリフは「待てって? どうしてさ」(よく覚えてるでしょ?)だけでしたが、昔からやりたがりなところがあったんですね。

当時の私は、学校の先生になりたいと考えていました。それは、人にモノを教えることが好きだったからだと思います。とくに、小梅小学校で4年間教わった水谷先生に憧れていました。男の先生で酒好きで、教員室の自分の机にウイスキーの瓶が入っていて、授業が終わったら先生はそれを飲んでいました。今だったら大問題ですよね。先生は後年、肝臓を壊して亡くなられてしまいましたが……。

とにかく、教えるのも叱るのも、ほんとに分け隔てがなかったんです。悪いことをすると、みんなの前で「ケツ出せ」って、定規でピシッてやられました。これも今やったら大変です。でも、当時はそんなことをやられたって、誰もそれを親に言いつけたりしなかった。ってことは、先生には子どもの心をつかむ何かがあったんですね。

水谷先生は、試験で100点を取るとご褒美をくれました。「君にはそれ、彼にはそれ、あなたにはこれ。はい、100点のご褒美」って。それでいて、50点以下の答案用紙を5枚集めると、同じように必ずノートをご褒美にくれたんです。つまり、だいたいどの生徒も、ご褒美をもらえたんですね。「答案用紙はポイントカードか？」って話ですが（笑）。

教室での手伝いも「おい、頼むよ、手伝ってくれよ」って、平気で子どもたちに手伝わせていました。私が小学校3年生のとき、実家が中華料理屋を始めたんです。乾物屋から中華料理屋への鞍替えです。

そうしたら、「おい、稲葉。お前のお父さん、中華料理の食堂を始めたんだってな。出前してくれるかなあ」と、水谷先生はわざわざ出前を頼んでくれました。しかも、他の先生方にも声をかけてくれて。そういう先生でしたから、私は水谷先生に憧れて、「学校の先生になりたいな。先生と同じようなことを自分も子どもたちにしてやりたいな」って思うようになったのです。

結局、学校の先生にはなりませんでしたが、先生という職業も、教育を通じて、子どもたちに向けて自己表現をして何かを伝えるという意味では、落語家に通じるものがあるように思います。

口から出まかせで落語家の道へ

先生の次には、役者になりたいと思ったこともありました。喜劇俳優になりたかったのです。「雲《くも》の上団五郎一座《うえだんごろういちざ》」の芝居の影響が強かったのか、八波《はっぱ》むと志さんや三木のり平さんが憧れでした。彼らはホントに面白かった。

やがて1964（昭和39）年、中央大学附属高校に進みましたが、1966（昭和40）年ごろから、大学では学生運動が激しくなってきて、なんだか勉強に身が入らなくなってしまいました。

先生に「こんな成績じゃ大学も推薦入学できないぞ。どうするんだ？」って言われたとき、何の気なしに「いいんです。ボク、落語家になりますから」って言っちゃったんです。口から出まかせに何でそんなことを、という感じですが（笑）。

実家がやっていた食堂の常連さんが、うちの師匠の五代目柳家小《こ》さん（1915～2002）を二つ目のときから贔屓《ひいき》にしていて、それでその人に親父が私のことを話したらしく、「それなら、紹介してやるよ」となったのです。縁っていうのは不思議なもんですね。

小さん師匠の噺をラジオで聴いていた高校生の私は、噺から風景が見えてくる素晴らしい落語家さんだと思っていたので、紹介していただけると聞いて、小躍りして喜びました。また、落語雑誌に「小さん師匠は人格的に素晴らしい人」と書いてあったので、それも入門の決め手になりました。

もちろん、高校生といってもまだ子どもでしたから、その落語の魅力の真髄までは、わかるわけがありません。それでもとにかく、小さん師匠の噺はわかりやすかったですし、素直に噺が耳に入ってくると感じました。それで小さん師匠に弟子入りしようと決めたのです。

第1章

「笑い」を盗む

落語ではなく剣道の稽古で教わった「間」

私は、小さん師匠のご自宅に住み込む「内弟子」を希望していたのですが、「今、寝るところがねぇよ」と断られ、目白の師匠宅に本所の実家から見習いとして通うことになりました。1967（昭和42）年のことです。

師匠がつけてくだすった前座名は「小稲《こいね》」。小さん一門は「小」の後に名字や名前から一文字とって前座名とすることが多かったのです。当時、師匠のお宅には前座、二つ目を含めて8人住んでいました。朝ご飯を、台所と廊下に分かれて食べていたほど、弟子たちでひしめき合っていました。

寄席に入れない見習いにとって、修業は、まずは座敷から始まり、廊下、トイレ、風呂場の掃除です。でも、仲間たちと冗談を言い合いながらの作業でしたから、ちっとも苦ではありませんでした。

小さん師匠は「芸は盗め」という方でした。師匠のところには他門の人が稽古に来

師匠の家の玄関で、草履と靴磨き。
どんな修業も苦ではありませんでした。

ていましたが、「お前たちは、しょっちゅう聴いてるから」ということで、弟子にはほとんど落語の稽古はしてくれません。私が師匠から稽古をつけてもらったのは「道《どう》灌《かん》」だけでした。

うちの師匠は剣道の達人で、当時、たしか六段錬士でした。

ある日、師匠がお出かけになったなと思って、真似事で素振りをしていたことがあります。そうしたら、戸をガラッと開けて、出かけたはずの師匠が入って来て、私を見てニヤッと笑ったんです。

「おめえ、やるか?」

以来、師匠の稽古相手を務めさせられ、じゃなかった、ありがたく稽古をつけていただいたのです。

それからは剣道の稽古ばかりになって、真打ちになった後も続けて、最終的になんと三段まで昇段しました。その後、師匠は四段を受けろとおっしゃいましたが、それはなんとかお断りしました。結局、「噺の稽古をするから来い」と言ってもらったこ

師匠の稽古は、もっぱら剣道ばかりでした。

とは一度もありません（笑）。

でも今考えると、師匠は剣道にたとえて噺の稽古をしてくれていたのかもしれませんね。演者とお客様は互角じゃなきゃいけない。五段と初段が稽古するときに、自分が五段だと思って上から目線でいると初段は腕が上がらない、相手が初段なら自分も初段のつもりで向き合えと、師匠がよく言っていました。

落語も同じです。つまり、自分がいつも高い位置にいたら、お客様は楽しめない。高座は読んで字のごとく高いところにありますが、本来はこれ、仏教のお坊さんが座るところを指すんですね。お坊さんはご法要やお説教で高座に座る前に、高座に対して礼をなさっています。

われわれ芸人もそんな気持ちで、お客様に対して、「これから噺をさせていただきます」という謙虚な気持ちがなくてはいけない。師匠は剣道の礼儀を教えることを通して、弟子に落語の基本精神を教えてくれていたように思います。もちろん、単に剣道が好きだったというのもあるのでしょうが（笑）。

「間《ま》」の大切さ。これも剣道と落語に共通するものがあります。剣道では相手の一瞬の隙を読んで「面」だの「小手」だのを打ちます。ふと油断すると逆にその隙、間を突かれます。緩急というのでしょうか。つまりは間ですね。

落語でも、ただずっとしゃべっていればいいものではなく、間が大事です。間は呼吸です。たとえば、小さん師匠の「粗忽長屋《そこつながや》」で、八が熊に「お前はな、ゆんべ、浅草で、死んでるよ」と言う。これを聞いて熊が驚きますが、この場面、間を置かずすぐに「えっ?」って言ったらウソになりますよね。

最初、「八はいったい何を言ってるんだ?」というポカンとした間があって、事情を知っているお客様は、そのポカンという熊の反応が面白くて笑うし、次に熊がどんな反応をするか期待する。そういうように、お客様が噺についてきた、乗ってきたと思ったら、こちらは先へ進み、また次の展開でも緊張と緩和を繰り返しながら噺が展開していく。これが落語です。

剣道の話に戻りますと、相手との距離感を一定に保ちつつ、相手がふっと隙を見せたときにグッと前に踏み込む。相手がこっちへ迫ってこようとしたら、スッと引いて間をとる。落語でも同様に客との呼吸、緩急、間、それらがうまくつかめると、笑いにつながるということなのです。

先輩たちから学んだ「気概」

噺の稽古は、師匠のところに遊びにくる兄弟子の九代目入船亭扇橋《いりふねていせんきょう》師匠（1931〜2015）、六代目柳家つば女《め》師匠（1938〜2004）、二代目柳家小《こ》はん師匠（1941〜2022）らが、前座を客に見立ててつけてくれました。兄弟子のなかでは扇橋師匠、小三治《こさんじ》師匠（1939〜2021）の影響が強いと思います。

扇橋師匠、小三治師匠の二人は仲が良いというか、小三治兄さんが仲がいいフリをしていたというか（笑）。「この二人は本当に仲がいいのかな？」って、疑問に思うこともありました。

二人の兄さんと、早くに亡くなった二代目桂文朝《ぶんちょう》師匠（1942〜2005）が入って「三人の会」というのを上野にあった本牧亭《ほんもくてい》でやっており、その会が好きで必ず聴きに行きました。用のないときも楽屋に行っては、兄さんたちの話からいい勉強をさせてもらいました。そういう関係から、私はとくに扇橋師匠からお稽古していただくことが非常に多かったのです。

また、師匠があまりかけることがなかった人情噺は、八代目桂文楽《かつらぶんらく》師匠（1892〜1971）が亡くなってから小さん一門に転じた柳家小満《こま》ん兄さんと、文楽師匠から直接教わっている扇橋兄さんから稽古を受けました。うちの師匠は弟子が他の一門から噺を教わることも否定しませんでしたので、廓《くるわ》噺が多い古今亭《ここんてい》の噺は先代の二代目古今亭圓菊《えんぎく》師匠（1928〜2012）から教わりました。

さらに、圓菊師匠からは古今亭の噺だけではなく、噺家の「気概」というものも教わりました。

ある寄席が一時期、圓菊師匠を全然買ってくれず、ほとんどその寄席には上がっていらっしゃらなかった。そんななか、都電の車内で圓菊師匠が、「小稲ちゃん。私ね、向こうが頭下げて頼みに来るような芸人になってみせる」とおっしゃったのです。そうしたら、その後、おっしゃった通り、寄席の超売れっ子になりました。

先輩からは、落語を教わるばっかりじゃないんですね。

先輩方は、今の自分がどうしたらいいかということを言葉としてではなく、感情として教えてくださいました。それは、ご自分が努力やご苦労なさったなかで修得したものでしょう。「噺以外のそういうことを、先輩から教わるのも大切なことなんだよなあ」と、今もつくづく思います。

「芸は盗め」の本当の意味

このように、私は多くの先輩からいろいろな噺を教えていただきました。なかには、どなたに教えていただいたか、忘れてしまった噺も少なくありません。

師匠は、「俺の芸は、お前たちは弟子なんだからいくら盗んでもいい。だけど、お前たちは、わからないところをわからないまんまやっちまう。覚えたならば、これはどういうことですか、なぜこうするんでしょうかって、聞きに来ねぇからいけねぇ」と言っていました。

古今亭圓菊師匠（右）と。
落語はもとより、落語家として生きる気概も
教えてもらいました。

「表面に出てくる言葉の違いを尋ねない。お前たちは上っ面だけで俺の真似をしてるんだ」とも諭されました。「ここで師匠は、こういうことをおっしゃいましたが、これはどういう気持ちでしょうか」と尋ねることが大切なんだと教えられたわけです。

たとえば、「粗忽《そこつ》の釘《くぎ》」という噺では、亭主が引っ越しをするのでタンスなどを大風呂敷にくるみ、担いで一生懸命持ち上げようとしますが、なかなか持ち上がらないという場面があります。そのとき、かみさんが「何してんだよ、柱も一緒じゃないか。柱も一緒にくるんで、持ち上がるわきゃないじゃない」という、くすぐり（笑わせるところ、ギャグ）があるんです。

ところが師匠は、「この噺のかみさんは落ち着いてるんだろう。亭主はそそっかしくて、かみさんは落ち着いてるんだ。だから、落ち着いているかみさんが、風呂敷の端を柱越しにかけて亭主に渡すのは理屈に合わないよな」とおっしゃったのです。

落語には、冷静に考えれば理屈に合わないことがあります。師匠曰く、「ウソを本当に演じるのが落語。本当をウソのように演じるのも落語」。そんなことはあり得ないということを、いかにも本当らしく客に聴かせるのが噺家の技ということです。

禅問答のようで難しいですが、うちの師匠の噺は、聴いているうちに自分がその世界に入っていけます。つまり、観客として観るんじゃなくて、八つぁん、熊さん、大家さんが喋っている現場に自分もいるという気にさせられる。

「このご隠居さんは、つまらないことを言ってんな」

「八つぁんは、どうしてこんなバカなこと言うのかな」

そんなふうに、噺のなかに観客が取り込まれていくような、そういう芸なのです。

落語とは、ただ表面的な噺で笑わせるもんじゃない。昔に比べて、そんな気がするようになってきました。

かつては「これがなんで面白いんだろう?」、「なんで客は、こんなことで笑うの?」って思うことがありました。けれども、だんだんと自分自身がそのなかに取り込まれていく。そして、「あ、俺、ここにいたらきっと笑うよな」と、演じながら思うようになってきたのです。

たとえば、友だち同士でくだらないことをしゃべっているのを聞いていると、笑っちゃうじゃないですか。それと同じような状況です。自分も落語のなかに取り込まれていく。そういう芸ができたらいいなと思います。

2階から降ってきた師匠のひと声

自分の高座が終わって下りていくと、よく楽屋に師匠がおいでになりました。先ほど申し上げたように、普段稽古はつけてくれませんでしたが、そうした際、お小言ではなく、「今のお前の噺はこうだぞ」というように、一つひとつ教えてくださいました。ですから、師匠の姿を見つけると、「あ、またなんか教えてくださるんだな」と、うれしくなったものです。

あるとき、師匠が弟子4、5人がいる前で、いろいろと話してくださった際、話の最後に、師匠はこうおっしゃいました。

「まあ、おめぇたちはなんだよな。俺がこんな話したって、明日の朝起きたら忘れちまうんだよな」

一同口をそろえて、

楽しそうな小さん（真ん中）とともに御簾（みす）から高座を見る私（左端）。
噺家が一生懸命しゃべり、お客様がゲラゲラ笑う。
その姿を見たとき、なぜか涙があふれたことも。

「そんなことはありません。一生忘れません」

そんな殊勝なことを言っても、やっぱり明くる日になると、「あれ？ 師匠は何言ってたんだっけな？」って忘れちゃうんです。師匠の予想通り（笑）。


前座のころ、私は大きなしくじりをしたことがありました。

落語の世界では、よその師匠から仕事を頼まれることがあります。そんなときは、「誰々師匠から、こういう仕事を頼まれました」と自分の師匠に伝えなければいけません。そうしないと、師匠同士が会ったときにお礼の一つも言えませんから。

ところが、私はよその師匠からいただいた仕事のことを、つい師匠に言いそびれてしまったのです。

「おめえなんかやめちまえ！」

ああ、ついに破門か……。

台所でしょんぼりしていたところ、2階から「おい、小稲」という師匠の声が。先ほど顔を真っ赤にして怒っていた師匠が、私を呼んでくれたのです。

その場には、他に弟子は何人でもいるのに、わざわざ私を名指しして、「この着物を畳んどいてくれ」って。そういうやさしさに、どれだけ救われたことか。そんな師匠のやさしさに触れると、怒られても師匠のことがますます好きになっていきます。

師匠はこのように、必ず弟子の気持ちを気遣ってくれました。もちろん感情的に怒ることもありますが、すぐに弟子のことを考えてくれる。

「怒っちゃったけどな。あれは、あくまでもこういうことだぞ。お前を否定してるわけじゃないんだ」と。

師匠が叱るのは、そういうことだったと思います。このように実に器の大きい人でした。だから弟子たちはみんなが小さんが好きなのです。さて、うちの弟子はどうでしょうか(笑)。

素直とは相手の言葉を腹落ちさせること

師匠は「素直が一番」ということも、いつも言っていました。ただし、素直というのは、なんでもかんでも「ああ、そうか、そうか」と飲み込むことではありません。それは本当の意味の素直ではない。

そうではなく、師匠が言ってくださった言葉を自分のなかで、十分に理解して、「うん、なるほど。あの師匠が言っていたのはこういうことだったのか」と納得する。それが本当の素直なんです。言われたことを一度は自分のなかで咀嚼《そしゃく》しなきゃいけないということです。

師匠に「こうだ」と言われて、自分で何も考えることなく、「そうなんだ。うちの師匠がこう言ったからこうなんだ」というのではいけません。ただし、「お前のはこうだよ」と指摘されたのに、「いえ、違います!」なんて反発するのは絶対ダメです。言われたことに反発したら、そこで成長が止まってしまいますから。

素人さんでも芸人に対して「お前の芸はこうだよ」と言う人がいます。そんなときでも、いったんその言葉を腹に収めて「そうかな」と、まずはじっくり考える。そのうえで、「だけど、俺はこれでいいんだ」という結論に至って初めて自分の納得づくで表現していくということが、本当の「素直」なんです。

うちの師匠は、他人のことをまったく否定しない人でした。弟子に対してもです。否定されると、弟子はもうそれだけで萎縮してしまいます。けれど、小さん師匠は否定しない。「おめぇの考えはわかるよ」と、いったん肯定してくれて、それから「だけど、ここはこうじゃないか」って言われると、弟子は素直に自分で考えます。うちの師匠は、いつもそうやって指導してくれました。

真打ちになってすぐのことです。TBSラジオの収録で師匠と私二人きりのときでした。私は「幾代餅《いくよもち》」をやって、師匠がその後だったんです。「幾代餅」のなかで幾代が「来年三月、年が明けたら、主《ぬし》のところへ参ります」と言ったときに、私は、「清蔵《せいぞう》の気持ちって、ほんとはどんなだったんだろう?」と思って、その場の勢いで幾代に食ってかかるという演出にしたのです。

清蔵が真面目に話して、自分の気持ちを告白しているのに、「主のところへ参ります」なんて、幾代がそんなことを本気で思っているわけがない。そこで、清蔵に「人をからかうのもいい加減にしろ」と怒らせたわけです。

私は、まさか師匠が聴いているとは思いませんでした。ところが、師匠はそれを聴いていたのです。終わった後は何もおっしゃいませんでした。二人で駐車場に行って、師匠が車に乗り込むときに声をかけられました。

「おう、さん喬、おめえ、これからどっか行くのか？」

「寄席があります」

「そうか。じゃあ今言うけどな、俺はびっくりしたよ」

私は、てっきり褒められるのかと思いました。すると師匠はこう言ったのです。

「落語っていうのはな、お前の考えなんか誰も聴きに来ちゃいないんだ。誰もが面白い、誰もが切ない、誰もが悲しいって思うのが落語なんだ。お前の考えを無理やり客に聴かせても、それは落語じゃねえんだよ」

言葉少ななんですけども、そういうふうに言われたときには、本当にもう素っ裸にされたっていうよりも、おもちゃのだるま落としのように、首から下が一気にぶっ叩かれ、頭だけずんと下に落ちちゃった気分でした。

このひと言で落語の見方とか考え方というのが、ワッと変わりましたね。それまでは人に認めさせようとか、人とは違うやり方をやって、自分を評価してもらおうとか、どこかでそういうことを思っていました。

ところが、「それはお前の考えにすぎない」という師匠の指摘はまさにその通り。本当は、落語の本来の姿をどう演じるかっていうことが大事であって、「どうです、こう変えました。こういう考え方で演じました」というのは、あくまでも自分個人の考え方でしかないと教えられたのです。

客に媚びるな、周りの「範」になれ

それからは、落語というのはお客様との共同作業なんだ、という考え方に変わっていきました。押しつけてはいけない。「こうやって聴いてください」、「こう見てください」じゃない。

落語の根底にあるものを、自分がお客様に表現していき、それをお客様と共有できるのが一番です。落語をやりながら、お客様と同じ絵を描ければ、それでいいんじゃないかと考えるようになりました。

うちの師匠がもう一つ、いつも言っていたことは、「客に媚《こ》びるな」です。どうせわからないだろうからと客に合わせていくことが、師匠の言う〝媚びる〟ということ。わからないだろうから、この部分は言葉を変えてわかりやすくしてやろうとか、そんなことをしてはいけない。それは、客を下に見ていることにもつながるからではないか、と思います。

小さん師匠からの学びは、このように言葉から得ることもある一方で、そのたたずまいを見て学ぶことも非常に多かった。

師匠は、人生訓みたいなことは絶対におっしゃらない方でした。ただ、口癖のように言っていたことは、「自分が〝範《はん》〟にならなきゃダメだ」ということです。自分がやることを他の芸人が見て、それを真似してくれたり、理解してくれたりすることが大事だと。だから、いつ、どんなときも「俺が範にならなきゃしょうがねぇな」とおっしゃっていました。

小稲時代の高座の様子。

寄席によくお出になっていて、お忙しいのだから寄席を休めばいいのにと思いましたが、「小さん師匠が出ているんだから、俺たちも怠けてはいられない」と、師匠の姿を見て努力する者も多くいました。将来のある若い芸人の模範にならなくてはと、師匠自から行動で示していたのです。

「芸を磨くより人を磨け」

これは師匠の座右の銘です。というより、弟子に投げかけたメッセージだったと思います。

入門から1年8カ月、見習いは寄席には入れないのですが、一門会は別ということで、私は1968（昭和43）年、今はなき人形町末廣《すえひろ》で初めて高座に上がりました。初めての高座は師匠が唯一稽古をつけてくだすった「道灌」でした。

第2章

「笑い」を武器にする

自らつけた「さん喬」で真打ちに

1972（昭和47）年、二つ目となり、前座名「小稲」を「柳家さん喬」と改めました。今も名乗り続けるこの名前、実は自らつけたものです。理由は、そのころ、柳家一門に相応の名前が残っていなかったからでした。

小さんの「さん」に、落語の神様、三遊亭圓朝《えんちょう》（1839～1900）とならぶ明治の名人と謳《うた》われた三遊派の橘家圓喬《たちばなやえんきょう》（1865～1912）から一文字「喬」の字をもらいました。「さん喬でいかがですか」と師匠に言ったところ、「おめぇがよけりゃ、それでいいよ」と。

そして、この高座名で1977（昭和52）年、NHK新人落語コンクールに参加して、その当時、好きだった落とし噺「締《し》め込《こ》み」をやったのです。本当はうちの師匠が審査員で来てくださるはずだったのですが、仕事の都合で来られませんでした。

その代わりに来てくださったのが、八代目林家正蔵《はやしやしょうぞう》師匠（1895～1982）です。

そこで、私の「締め込み」を聴いた正蔵師匠が「こいつはこういう表現をするヤツなんだな」と思われて、うちの師匠に「さん喬には人情噺をやらせたらいい」とおっしゃったんだそうです。

ところが、うちの師匠は「ガハハ」と大笑いしながら、私に「おめぇは人情噺の柄じゃねぇだろ」って言っていました。私は「そんなことないだろう」と、内心思ったのですが（笑）。

残念ながらNHKのコンクールには通りませんでした。しかし、このネタで1980（昭和55）年、真打ち昇進試験を受け、無事合格。雲ちゃん、つまり五街道雲助《ごかいどうくもすけ》らと6人一緒の昇進でした。香盤（噺家の序列）では13人ほど越えてのことでしたから、実質的には抜擢だったと言えるでしょう。

ところが、時計の針を少し戻すと、その前の前の年、実は落語協会は大揺れに揺れていたのです。

師匠も考えていた落語協会からの離脱

昭和の名人の一人、六代目三遊亭圓生師匠は落語協会会長に就任した1965（昭和40）年以来、約7年間、真打ちに相応しい格を備えたと認める二つ目を昇進させるという方針を貫かれました。

圓生師匠は1972（昭和47）年に最高顧問に就任され、師匠小さんが後任の会長になったのですが、その時点で二つ目になって10年以上の者が40人もいたのです。うちの師匠は翌年の3月と9月に10人ずつ、合計20人を真打ちに昇進させることを理事会に提案しました。

これに対して圓生師匠は、「安易に真打ちに昇進させるべきでない」と反対されたのですが、理事会では賛成多数で大量昇進が決まりました。ところが、その後も再び二つ目が増えてしまい、1978（昭和53）年、圓生師匠の反対があったにもかかわらず、5年前と同じように春と秋に10人ずつ計20人の真打ち昇進を決定したのです。

真打ち昇進披露興行の様子。
左から八代目林家正蔵師匠、三遊亭旭生さん、私、五街道雲助さん、
十代目金原亭馬生師匠。

すると、圓生師匠は一門と圓生師匠を支持する噺家たちを率いて落語協会を出ていかれたのです。そして、「落語三遊協会」を新たに立ち上げ、以後、圓生師匠は落語協会に戻ることなく、翌1979（昭和54）年に亡くなられました。

私がまだ二つ目だった1978年の春、実はうちの師匠も、「自分が協会を出る！」と言っていました。うちの師匠は圓生師匠と、電話でいろいろと話をしていました。「はい、はい、は？　ええ、ええ」という具合に、ケンカにはなっていないものの、相当キツイ調子で返事をしていたのです。圓生師匠が小さん師匠のやり方を認めないというやり取りであることは、想像がつきました。師匠は受話器をガシャンと置くと、真っ赤な顔をして、「俺は協会を出る！」と声を荒げて言いました。そのとき私は、心のなかで「やった！」と叫びました。

なぜなら、そのころ小さん一門というのは大所帯で、一つの団体を作れるほどの人数がいたからです。そのため、当時若かった私は手前勝手なことに、「協会内で反目して合って、揉めているより、うちの一門だけで出て、自分たちの団体を作るほうがいいんじゃないの？」と思っていました。

でも、それは若造の浅知恵で、協会を出ればいざこざのない小さん一門だけの世界になるという、安易な考え方に基づくものでした。ただ、落語協会には当時200人ぐらいの会員がいたので、協会全体のことを考えたら、やはり出るべきではなかったんです。

その点、うちの師匠は全体のことを考えていました。「俺が出ていったら、あとはどうなる？」と。結局、うちの師匠が出なかったのは、ご存じの通りです。

成長に必要なのは縦のラインと横のライン

その後、圓生師匠に続いて、立川談志《たてかわだんし》師匠（1936〜2011）も協会を出て新たな団体を作られました。不思議だなと思うのは、うちの師匠はそれを何とも思っていなかったことです。

結果として、「落語立川流」とか圓生師匠の「落語三遊協会」、圓生師匠の死後は「落語圓楽党《えんらくとう》」ができました。今、その人たちはそれぞれに活躍をしているわけです。それはそれで、いいことかなあと思います。もし、あのまんま、二つの派が協会に残っていたら、双方が今ほど自由には活動できなかったでしょう。

今は若い芸人が多くなって、そんな昔の分裂騒動など、話としては知っていても、誰一人として敵対感情を持っている人なんかいません。違う団体の芸人が一座を組んで旅公演をすることもあります。私は、そういう横のつながりも大事だと思います。


弟子の育成には、師匠と弟子という〝縦〟の線だけではなくて〝横〟の線も重要です。家のなか、親兄弟という一つの枠だけでは、その家庭内のことしか知らなくなってしまうわけじゃないですか。落語界っていうのは、いわばたくさんの家族の寄せ集めで、あちらの家族の考え方、こちらの家族のやり方というのを、それぞれみんなが見て成長していくわけです。

五代目三遊亭圓楽師匠（１９３３〜２００９）が、１９８５（昭和60）年、「若竹《わかたけ》」という寄席を江東区の東陽町にこしらえた当時、三笑亭夢楽《さんしょうていむらく》師匠（１９２５〜２００５）がこんなことをおっしゃっていました。

「圓楽は一人出りゃ十分だよ」

弟子が師匠の芸を踏襲することは大事だが、自分の一門だけではなく、いろいろな一門の師匠たちから学ぶことも大事だとおっしゃっているのかなと、私は捉えました。

否定だけでは人は育たない

今、落語の世界がこうして保っていられるのは、やはり同系色ばかりでなく、さまざまな噺の色合いを、それぞれの芸人が見て育ってきているからだと思います。

若いころ、分裂騒動を目の当たりにした私は、年を経た今、落語という〝幹〟から出た枝葉であれば、どのように伸びてもいいんだと考えるようになりました。自分と違う他を否定することは簡単ですが、異質なものを認めることは、とても難しいことなんだと思って、弟子にも対峙《たいじ》しています。

私の弟子の一人にとても真面目なヤツがいます。まるで遮眼帯《しゃがんたい》をつけられた馬のように、一方向しか見られないヤツです。こういう弟子の場合、その在り様を否定するような物言いをしたら、「ダメ」という呪縛から脱出できなくなってしまいます。ということは、その弟子の成長を止めてしまうことになります。それは怖いことです。

まあ、とは言え、噺以外の日常の場面では、私は「ダメ」を連発していますが（笑）。だって、ときどき、信じられないことをやらかすわけで（笑）。

師匠の小さんは、芸に対して「こうやれ、ああやれ」じゃなくて、間違った部分だけの指摘に留めていました。「お前、あれはちょっと違うんじゃないか」という具合で、あとは当人に委ねます。

「私と同じようにやりなさい」という教え方もあるとは思いますが、それだと、下手をすると、芸人としての幅がなくなってしまう危険性もあるかもしれません。

五代目小さんが、どうして今でもあれだけの影響力を残しているかというと、そこに「師匠の俺が絶対だ」という考え方がなかったからだろうと思います。

上にならないとわからないことも、たくさんあります。さらに言えば、上になってわかったからといって、それ以外のことを否定してしまうのもよくないんだろうな、とも思うわけです。

他者を否定することは、自分自身の殻に閉じこもることです。それだと発展もありませんよね。その反対に何でも肯定するのも違うし……。すべてをいったん認めて、それから自分なりのやり方は何かと考えることによって、初めて幅広いものの見方、考え方ができるようになるのではないでしょうか。優等生的なまとめ方で、どーもすみません（笑）。

〝幹〟があるからこそ変われる

「昔の師匠たちはこうだった」という言葉をよく耳にします。一方で、型など無視しているかのような斬新な演じ方をする芸人もいます。ただ、思い切った演じ方ができるのも、先人たちが守り育ててきた〝幹〟があればこそ、ではないかと思います。

先人たちが守ってきた幹がちゃんと残っていれば、それを肯定もできるし否定もできます。そういう幹がなく、ただ何でも肯定して、自由奔放にやっていいよということになると、それはもう落語ではなくなってしまいます。芸の怖さは実はここにあると思うんですね。

でも、最終的に判断するのはお客様です。お客様がそうした自由奔放をよしとすれば、それはもう肯定も否定もありません。お客様がそう判断なすったわけですから。楽屋で聴いていて「なんで、こんなんで笑うの?」と思うこともありますよ。「なんでこれを認めちゃうの? だから芸人がダメになるんじゃないの?」というように。でも、お客様が喜ぶという事実までは否定できません。その時代のお客様にウケるのが、その時代の芸ということになるのでしょうから。

今の落語界は、もはや芸人戦国時代です。落語家それぞれが、あらゆる武器を各々が持っている時代と言えるでしょう、昔は噺家の武器というのは、「口跡《こうせき》」とか「仕草」、「間」といったものでした。今はある意味そういうことは二の次、三の次になっていて(と言ったら言いすぎかなあ)、とにかくもっと違う武器がどんどん増えています。

それをお客様が見て、聴いて喜ぶ。よくも悪くもそれが現実なんだと思います。

「落語家の多様性」が求められた時代

私が受けた真打ち昇進試験は、先にご紹介した分裂騒動の結果、作られたものでした。受験資格は噺家になって12年というもの。そのとき、私はまだ11年数カ月だったので、受験する資格がなかったんです。でも、小さん師匠から電話があって、「いいから受けろ！」と。年が足らずに受けたのは私と五街道雲助の二人だけです。

手前味噌になってしまいますが、先輩方から「おまえは一人で真打ちになるっていう話が出てるぜ」と言われていました。

「自分は一人で真打ちになれるんだ」という期待はしていたし、昇進披露興行などいろいろと物入りなので、それなりにお金を貯めたりと、準備もしていました。昇進試験の結果は先ほども申し上げた通り6人合格。序列では13人ほど飛び越えた実質的には抜擢だったんです。これ、さっきも言いましたよね（笑）。

「締め込み」で真打ち昇進試験を受けたのは、ＮＨＫ新人落語コンクールで通らなかったことが悔しくて、何か大事なときには全部「締め込み」をかけようと決めていたからです。それが認められたことはうれしかった。実際「締め込み」は当時、好きな噺でしたし。

実は真打ちになるとき、「小半治《こはんじ》」という音曲師《おんぎょくし》の名跡に改めようと思っていたのです。そのとき、小満ん兄さんが私を有名な占い師のところに連れていってくれました。そうしたら、占い師からこう言われたんです。

「あなた、小さく半分に治まるなんて名前のどこがいいんですか」

「『さん喬』って、こんないい名前はありませんよ。『喬』は『木』をつけると橋になる。これは物事を支えるという意味です。小さんを支えることになるんですよ」と。

それで、そのまんま、さん喬を今でも名乗っています。小さんを支えるなんて、そんなことはねぇ。

実は師匠は私の苗字、稲葉から「稲葉家うさぎ」と名づけようとしていたそうです。一つ間違えれば、私は「うさぎ」でした。

ともあれ真打ちになると、いや二つ目のうちから、誰だって売れて生活もよくなりたいと思います。若いころはやっぱり人気を得たいって、みんな思うでしょう。

私の若い時分、今の金原亭伯楽《きんげんていはくらく》さんや鈴々舎馬風《れいれいしゃばふう》さん、桂文楽さん（九代目）、柳家つば女さんといった方々が、いわゆるワイドショーの司会をやったり、タレントとしてたくさんテレビに出ていたりもしました。今様に言えば、まさに「落語家の多様性」というのが求められていた。若い噺家の主な目標が、テレビにタレントとして出ることだったのです。関西ばかりじゃなくて、東京の若手の先輩たちも同じでした。

今では80歳を超えようという先輩たちが、当時テレビタレントとして一世を風靡《ふうび》していたのです。本当にそういう先輩たちがテレビに出て売れてくれたおかげで、落語はなくならなかったのかなと思います。みんな「噺家」、「落語家」という肩書きでテレビに出ていましたから。

今もまさにそうですが、私たちの世代は当時、心が揺らいでいました。

「落語の世界で生き抜くのか、テレビタレントとなって売れることを目指すのか。それが問題だ！」

芸人なら誰しもそういうジレンマがあったし、今もあるんだと思います。落語はやっていきたい、でも人気者にもなりたいという……。

「三平は落語ではない」なんてとんでもない

今は人気タレントになりたいから落語家になるっていう人は、ほぼいないんじゃないでしょうか。なぜなら、落語家で一人前になるまでの修業期間を考えたら、落語とは別の芸で当てるほうが人気者への近道ですから。今は、落語をしっかり演じて、落語の世界で評価されることを目指す人がほとんどです。

そんななかでタレントとしても才能を発揮して、テレビ番組に登用されていく人もいます。昔と同じで、そういう方々がいてくださるおかげで、落語が今も生き続けているのです。

先代の林家三平《さんぺい》師匠（1925〜1980）という超人気タレントがいてくださったおかげで、世間様がいまだに爆笑が取れる芸人＝落語家として記憶にとどめてくださっています。

古典落語についても、落語ファンは自分が聴いていたその当時の落語家との比較をなさいます。

三平師匠が、もしお父様の七代目林家正蔵を襲名していたら、ああいう芸はやらなかったかもしれません。「三平」だったからできたと思います。ないものねだりですが、三平師匠が、もうあと10年、15年長生きなさったときの姿を見たかったですね。

古今亭志《し》ん朝《ちょう》師匠（1938～2001）も、あと10年は元気でいてほしかったです。ただ、志ん朝師匠の10年後はなんとなく想像できますが、三平師匠は想像がつきません。案外、人情噺で泣かせる芸に移行したりして。

実はそういう噺家さんは、振り返ればかなりいました。たとえば、大変だった戦時中における柳家金語楼《きんごろう》（1901～1972）のような方々が、落語を活性化させ、さらに元へと戻してくださったのだと思います。

落語と世の中の「連結器」となった芸人たち

落語家という肩書きを持っている人たちがテレビで活躍してくれることが、常に落語が、お客様の側から離れていかないことの証しだと思います。

たとえば、そのいい例が明石家《あかしや》さんまさんです。彼は落語はやりませんが、二代目笑福亭松之助《しょうふくていまつのすけ》さん（1925〜2019）という師匠がいらして、肩書きとしては落語家です。もちろん、タレントという肩書きもありますが、上方落語協会に所属しています。このように、「落語家」っていう肩書きを保持していてくださるからこそ、世間の人が「落語って何なんだ？」って気にかけてくれるんだと思います。

上方には、さんまさん以外にも、笑福亭鶴瓶《つるべ》さん、桂文珍《ぶんちん》さん、他にも多数おいでになります。そういった方々が、テレビタレントとして活躍してきています。そういう方たちは落語家の肩書きを決して捨てなかった。だから、上方落語は復活しました。「落語家」という言葉があるからこそ、落語が忘れられていないっていうことは、とても大事です。全員が本名かタレント名で活動していたら、今ごろ、落語は忘れられていたかもしれません。

動物の声帯模写で大人気だった三代目江戸家猫八《えどやねこはち》師匠も、テレビですっかりお馴染みになりました。落語家だけじゃなくて、猫八師匠のような方が寄席に出ているから、「それじゃ寄席に観に行こうか」っていうお客様もたくさんいたと思います。

で、寄席に来てみると、テレビでは見かけない落語家が出ている、聴いてみると案外面白い。そんなふうに、テレビの影響、テレビで有名になった芸人さんたちがいてくれたおかげで、寄席の伝統も続いてきたのだと思います。

寄席の芸、落語という芸を後世に伝えていく大きな連結器になってくれた、歴代の師匠方、芸人の先輩たちにも感謝しなきゃって思うんです。

売れるのがいいのか、芸を究めるのがいいのか

そもそも、落語ってもの自体が鷹揚《おうよう》というか、間口が広いというか、器がでかいんですね。決して、マニアックな人たちだけのためにある芸ではなかったんです。今は、ちょっとマニアックな方のための芸になっていきつつあるのかな（笑）。

マニアックな評論家は、三代目三遊亭金馬《きんば》師匠（1894～1964）、三平師匠らを否定して黒門町《くろもんちょう》（ご自宅の地名にちなむ通称）こと八代目桂文楽師匠、三代目桂三木助《みきすけ》師匠（1902～1961）、圓生師匠ら本格古典派しか認めない。うちの師匠ですら外されていました。誰とは言いませんが、そりゃ、あんまりです。

誰にも理解されなくてもいい、芸ひと筋に生きると突っ張っても、芸人という仕事をしている限り、観に来てくれるお客様がいなきゃ、話になりません。ゴッホだかモジリアニだかみたいに、生きているときは全然売れなくても、死んだ後に高く評価されるような、そんな噺家に私はなりたい……いや、絶対なりたくありません！

私も若い時分、10人いたらそのうちのせめて3人が振り返るような芸人になりたいって思っていました。3人っていうところが謙虚でしょ（笑）。そうなるためには、やっぱりテレビに出て人気者にならなければ、みたいな気持ちが正直ありました。

ただ、歳を重ねるうちに段々と考え方が変わってきました。いや、周りがそういう扱いをしてきた、と言ったほうが正しいかもしれません。

「さん喬は、テレビに出ることを嫌ってる」って、いつの間にかそんなレッテルを貼られたんです。

「オファーがないだけだよ」って話なのですが……。

五街道雲助が、かつて話していたことがあります。

「俺はどうしたらいいんだ?」って。

何がって、さっきのやつです。タレント志向で行くべきか、噺家として落語一本で行くべきか……。

そのとき、雲ちゃんから、

「お前はいいな、そういう悩みがないからな」って言われました。悩みがないわけじゃありませんでしたが、でも、早くからそういうふうに見られていたんです。さん喬はテレビが嫌い、ゆえに、落語一本で行くしかない。一方、雲ちゃんには選択肢があった。レッテルを貼られていない分、当時は彼もそうやって揺らいでいました。いや、雲ちゃんだけでなく、誰もが揺らいでいました。私も！

ここだけの話、雲ちゃんは、「俺は芸名が悪かった」って言っていました。「雲助」っていう名前のせいで、「CMの仕事を断られちゃったよ」と。

「芸名が五街道雲助？　ああ、うちじゃ使えないよ」って。

聞くと、化粧品会社のCMでした。ビミョー。

マイナー・メジャーを目指すことが果たしていいのか

どんどん歳を重ねていくと、売れる、売れないなんてことよりも、落語家の世界で、「人気者ではないかもしれないけど、この人の噺はすごいんだよ」と言われるような、

左から、若く悩み多きころの私、柳家さん遊さん、五街道雲助さん。

マイナーな世界でメジャーな立場にいたいなって思うようになりました。

マイナーな場所にいても「ああ、こういう芸人もいるんだね」と認めてもらうことが、自分にとってうれしいことになってきたんです。これを私は「マイナー・メジャー」と呼んでいます。

でも、もっと歳を取ってきた今は、「マイナー・メジャー」でいることは、決していいことではないなっていうふうにも思い始めました。やっぱり年長の芸人がメジャーなところにいて、そこを後輩たちが目指していく。そういうことをやるべきだし、そういう場所にいるべきだなって思っています。

でも、また気持ちは揺れます。今、現実に若手の噺家さんたちがメジャーを目指していこうとしているなかで、「じゃあ、やっぱり俺はマイナー・メジャーでいいんだ」とも思ったり。グズグズしてますな、われながら（笑）。

「別に何も『さん喬さんについて行きたい』なんて思われなくてもいいんだ。他にいくらでもついて行く人はいるんだもん」って、そんなふうに思ったりすることもあります（笑）。落語家に定年はないので、「年長者が」とか思わずに、まだまだ、若い人には負けたくないっていう気持ちで行く。それが結論です！

小さんの永谷園CMと『笑点』

『笑点』があるおかげで、まだまだ落語は全国区でいられます。

先日、大阪の桂雀三郎《じゃくさぶろう》さんとお会いした際、このように語っていました。

「いや、なんでんな。このあいだ、小学校の学校寄席でもって、『みんな、落語言うたら、どないなことを思い浮かべる？』って聞きよったんですわ。そしたら、誰も答えられまへんでした」

落語という言葉で、何もイメージできない。着物とか、『笑点』とかすら。落語のイメージができない子どもたちがいる時代になってきているんだそうです。

「いやあ、ショックですわ」と言っていました。

「落語＝着物を着てしゃべる」とか「落語＝面白い」とか「落語＝大喜利」とか、そういう情報すらゼロだとのこと。

これは、たしかに「ショックですわ」という話ですね。そんなふうに時代が変わってきつつあるのですから、ますますテレビに噺家さんが出ていただかないと困るんですす……って、人任せですが。

ご存じの方も多いと思いますが、うちの師匠の小さんもテレビのCMに出ていました。有名なのは「♪お味噌汁なら永谷園〜」でしょう。他のCMやドラマにも出ていましたが、当時は、師匠がテレビに出ている姿を見ても「小さんがテレビに出た」くらいの感じで、それがうれしいとか、よかったとか、ああいうふうになりたいとかとは、思いませんでした。

せいぜい感想は、師匠のところに来た一つのお仕事、くらいでしょうか(笑)。

今は、師匠が永谷園のイメージキャラクターになったこと自体、それはもう、すごいことだと思います。「落語家の五代目柳家小さん」と言ってわからなくても、「お味噌汁なら……」の人って言うと、いまだにお客様は「ああ、永谷園」って言ってくださる。すごいですよね、永谷園、じゃなくて、うちの師匠！

さん喬落語①

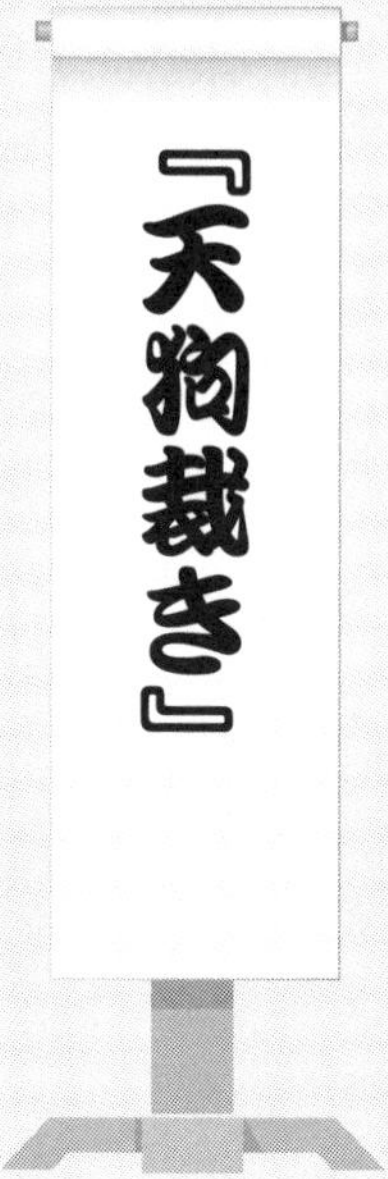

あらすじ

八五郎は楽しそうに寝言を言いながらスヤスヤ。その様子を見た女房のお光は、どんな夢を見ていたか聞くも、八五郎は夢なんて見ていないと言うばかり。やがて、隣近所の六助、大家、さらには奉行までが、その夢の内容を知りたいと八五郎に迫るが……。

さん喬のポイント

夢の噺はたくさんありますが、近年誰もが演じるようになり、私も演じることの多い噺です。八五郎が夢のなかで次々と、ひどい目にあっていきますが、何か人の運命を連想させる気がして、テンポよく漫画本のページをめくるように語ると、小気味よく楽しく演じられます。場面の変化が大事なので、その場の背景や登場人物の特徴をはっきりわかっていただければと思い、場面転換をハッキリ出すように心がけております。

お光　「ちょいとお前さん、お前さん、起きとくれ。ねえ、こんなとこで寝てると風邪ひいちまうよ、ねえ。あ～あ、男の人の寝顔ってのは可愛いなんてなこと言うけど、うちの人はただひたすらにだらしがないね、これは。鼻から提灯出してヨダレ垂らしちゃって、まあ。あ、ああ提灯が出てきたあ、引っ込んだあ、また出てきた。あ～あ、また引っ込んだ。ふふ、お祭りが夕立ちにあったみたい。提灯出したり入れたり出したり入れたりして。あ～今度の提灯は大き～い。あ～あ割れちゃった。あ～あ提灯が割れたら中から蠟《ろう》が出てきたよ。あ～きたない。ねえ、ちょいとお前さん、風邪ひいちゃうから起きて！」
八五郎　「むにゃむにゃ」
お光　「え？　なあに？　まあ、どうしたの、なに？　あらやだ。寝言だ。寝言に返答しちゃった。ニヤニヤ笑ってら。また笑った。夢見てんだ。また笑った。きっと面白い夢見てんだ。どんな夢見てんのかしらね。ちょいとお前さん。お前さん、起きて、お前さん。お前さん」（揺り起こす）
八五郎　「おう、あいよ、あいよ、あ～こりゃいけねえ。すっかり寝込んじまったな」
お光　「ねえ、お前さん、どんな夢見たの？」
八五郎　「夢？　いや、俺は夢なんて見てねえよ」
お光　「んなことないよ。今起こそうとしたらブツブツ、ブツブツ寝言いってニヤニヤニヤニヤ笑ってたもんね。どんな夢？　面白そう。ちょっとでいいから聞かせておくれよね。どんな夢？」

八五郎　「いや、俺は本当に夢なんか見てね〜よ」
お光　「見てたよう！　お前さんがそこで夢見てんの。あたしここで見てたんだから」
八五郎　「おい、そういうわけのわからない理屈言うなよ。俺は本当に夢なんざ見てね〜んだよ」
お光　「隠さなくたっていいじゃないか。バカだね、あたし子供じゃないんだよ。お前さんがどんな夢見たって、その夢の話を聞いたって怒るわけないだろう。ねえ、どんな夢？　面白そう。ちょっとでいいから聞かしておくれよ、ね」
八五郎　「お前もしつこいね。俺は夢なんざあ見てねーよ」
お光　「怒らないよ。どんな夢？　ちょっと」
八五郎　「この野郎、いい加減にしろ、こん畜生！　ホントに俺は夢なんて見てねえ」（声を荒げて）
お光　「お前さん、昔からそう。なんか都合が悪いことあるとそうやって大きな声出すんだから。怒らないってそう言ってるだろう。んね、どんな夢？　ちょっと」
八五郎　「この野郎、いい加減にしろ！　こん畜生！　張り倒すぞ、こん畜生！」
お光　「何もそんなムキになって大きな声出すことないじゃないか。たかが夢の話だろ。聞かせてくれたっていいじゃないか、夫婦だろ。どんな辛いこと……」
八五郎　「なにを大袈裟なこと言ってやがる。俺はホントに夢なんざあ見てねえんだよ（軽くお光を叩く）」

お光「ひっぱたきやがったな！　なにかぁ！　女房にも言えないような、そんな都合の悪い夢」

八五郎「なぁんだ、この野郎！　この野郎」

お光「さあ、殺しやがれ」

八五郎「なに言ってやがんだ！」

六助「やや、やめろ、やめろ！　おみっつぁん逃げろ！　八は手おろせ！」（隣家の六助が止めに入る）

八五郎「止めねぇでくれよ！　止めねぇで」

六助「バカ野郎！　な、おみっつぁんも武者ぶりつくやつがあるかよ、向こう行ったら。いいから八は手を降ろせ」

八五郎「止めねえでくれよ。止めねえでくれよ」

六助「バカ、やめろ！　お前たちは日に何度喧嘩すりゃあ事が足りるんだよ、え～！　長屋の壁こんな薄っぺらでえ、聞きたくなくたって聞こえちまうわな。『さ、殺しやがれ！』なんて乱暴なこと言いやがって。おみっつぁんも泣くことねえ、泣くことねえ。どうしたんだよ？」

お光「どうしたもこうしたもないよ、六さん。聞いとくれよ。この人がここで昼寝してるからね、風邪でも引いちゃいけないと思って起こそうとしたんだよ。そしたらブツブツ、ブツブツ寝言言ってニヤニヤ笑ってるから、これはきっと面白い夢でも見てんだろうなと思ってさ。起こしてね、一体どんな夢を見たのってこの人に聞いたの。そしたらね、この人はね、夢なんか見てないってね、うそをつくんだよ」

八五郎　「見てねんだ」

お光　「ほら、見てたよ！」

六助　「ちょちょ、ちょっと待てよ。ちょっと待てってんだよ。それじゃ何か。おめえたちの喧嘩の元ってのは、おみっつぁんは八が夢を見てた。八は夢なんぞ見てねえ。その挙げ句の果てには取っ組み合いの喧嘩になって『さあ、殺しやがれ！』までなっちゃうの。バカバ～カしい。この喧嘩どうやって収めりゃいいんだよ。バカみてえな、本当に。おみっつぁん、もう泣くこたあない、泣くこたあない。あ！　うち行ってよ、うちのカカアと茶飲んできなよ、藪北《やぶきた》のいい茶もらったんだ。かき餅ももらったんだよ。俺も今食ってたんだよ。美味えんだ。これも貰いもんだよ。うちは貰いもんしかねえけどよ。うち行ってよ、カカアと話してきな。そうすりゃいくらかは気分も収まる。ん、何？　そうだよ。いつだってこいつが悪いよ。そんなことあ、俺が一番よくわかってる、ん～。そう、そう、そう。よく言っとく、言っとくよ。おお、わかった、わかった。うん、そうしな、そうしな。うん、うちのカカアとな、そう。あいよ！　わかった、わかった、そうだ、こいつが悪いよ。わかってるよ、そうそう、こいつが悪いの。はい、はい、わかった、わかった。言っとく、言っとくよ」（お光をかばうように）

六助　「バ～アカ！　つまらねえことで喧嘩するなよ、お前。夢を見たの見ねえのって。いいよ。

うち行ってよ、うちのカカアと茶でも飲んでかきもち食ってえ亭主の悪口二言三言いって、お互いに『ハハハ』って笑やあ、。それで仕舞えだよ。女なんてのはそんなものさ。バ〜カ、つまらねえ、夢を見たの見ねえって取っ組み合いの喧嘩しやがって。（あたりを見回しながら）どんな夢見たんだよ？」

八五郎「俺は夢なんか見てねーよ！」

六助「俺にまで隠すか？　え〜、ガキの時分からの友達じゃねえか。第一俺が口の堅いの知ってんだろ。このことは喋っちゃいけねえと言われれば、背中を鉈《なた》で叩き割られて鉛《なまり》の熱湯を注がれたって喋らねえ」

八五郎「そんな大袈裟なこっちゃねぇんだよ。何言ってんだよ。俺は本当に夢なんざあ見てねえんだよ。それをなんだ。うちのカカアが夢見たって。冗談じゃねーよ」

六助「そうだよ。女なんてのはそんなものさ。わかってるよ。男同士じゃねーか。どんな夢見たんだよ。ちょっとだけ」

八五郎「いい加減しろ、お前もしつこいね。俺はほんとに夢は見てねえよ」

六助「俺も夢よく見るよ。まずい夢見ちゃったなあ、ひょっとしたら寝言でなんか言っちまったんじゃねえかなあ。カカアにそっと探りを入れることだってあるよ。わかってるよ。男同士じゃねえか。喋らねえよ。どんな夢？」

八五郎　「お前もホントにしつこいね。俺はホントに夢なんか見てねえんだよ。もうけえれ、けえれ、けえってくれ」

六助　「なあんだこの野郎。仲裁に入った人間に何だ、これは。乞食追っ払うような真似しやがって。あ、そうか。なにがなんでも喋らねえか。喋らなけりゃ、喋らなくていいや。三年前の恩も忘れやがって」

八五郎　「なあんだ、三年前って」

六助　「そうじゃねえか。えっ、暮れきて正月の餅が買えねえ、首でも括《くく》ろうかって情けねえこと言いやがって。俺は町内中に頭下げて、手前の正月の餅の支度してやったじゃねえか。その恩を忘れやがって、何かあ、手前は見た夢の話ができねえ?」

八五郎　「何を言ってんだ、お前。それとこれとは話が別じゃねえか。あ、そういうこと言いやがんのか。そりゃ確か、なんだな。四年前の夏だな」

六助　「なんだ?」

八五郎　「六年目の秋だ。なんだ、この野郎。あの野郎!」

六助　「なんだこの野郎、この、この、この!（二人で取っ組み合いになる）」

大家　「待て、待て、待て、待て」

六助　「止めねえでくれ!　大家さん」

大家「止めねえでくれんじゃねぇ。バカ！　なんだ、お前たちは町内で一番仲のいい二人じゃねえか。それが取っ組み合いの喧嘩なんぞしやがって。どうしたんだ?」

六助「どうしたもこうしたもねえよな。大家さん、聞いてくれよ。あっちはね、うちのカカアと茶飲んでかき餅食ってたんだ。そしたら、ここでいつもの通り夫婦喧嘩だよ。ほっとこうと思ったんだよ。で、そのうちに『さあ殺しやがれ』わ〜とかぎゃ〜とか、そんなセリフ聞いたら黙ってるわけにいかねえじゃねえか。すっ飛んできて、二人の中を分けて、一体どういうわけで喧嘩になったのかと聞いたんですよ。そしたらね、なんでもね、この野郎がここで昼寝をしてたそうだ。それをね、ここのバカカカアがね」

八五郎「ちょっと待て、この野郎。なんだ人のかみさんつかまえてバカカカアってのは」

六助「あれが利口か?」

八五郎「う〜ん……」

六助「ざまあみろ。この野郎。ここのバカカカアがね、起こそうとしたんだとさ。そしたらブツブツ言ってニヤニヤ笑ってるから、ああ、これはきっと面白い夢でも見てんだろ、起こして、一体どんな夢を見たのかって聞いたんだって。そしたら、この野郎は夢なんか見てねえ、カカアは夢見てた。さあ、取っ組み合いの喧嘩ですよ。ヨオガスかヨオガスか。あっちは吹っ飛んできて、二人の中を分けて、ここのバカカカアをうちの利口なカカアんところへやってさ、さあ、男同士二人の話だ、一体どんな夢を見たのかってこの野郎に聞いたんです。そしたらこの野郎はね、あっちにまで夢見てねえって嘘つきやがんだ、この野郎は」

大家「バ〜カ。手前の頭のハエも追えねえくせしやがって、他人の頭のハエばかり気にしやがる。お前はそんなふうだからな、店賃がたまる」

六助「いや、それとこれとは別」

大家「そんな暇があったら少しでも働いて、店賃《たなちん》一つでも余計に入れるようにしろ。おせっかい野郎。あっち行け。働け。バカ。店賃入れろ。よく喋らなかったなあ。あいつはお喋りだぞ。あんな奴にものの大事を明かせてみろ。え、今晩中に町内はおろか江戸中に広まっちまうわ。あいつにものの大事を明かしちゃいけねえ。それでいい、それでいい。ま、ちょっと上がらせてもらうかな。いやいや、茶なんぞいらねえ、茶なんざいらねえよ、アハハハハハハ。しかしなんだな、昔の人はうめえこと言うなあ。そうだろ。何がってさ、大家と言やあ親も同様、店子と言やあ子も同然なんてことを言わあなあーっ。お前と俺は親子だよ。フフフフフフ……どんな夢を見たんだい?」

八五郎「ちょっと待ってくださいよ、大家さんまで。アッチはほんとに夢なんざ見てねえんですよ」

大家「いや、あたしはこんな歳だよ。どんな話聞いたって、みんな棺桶へ持っていっちまうんだ。なあ！　どんな夢なんだ？　ちょっとだけ」

八五郎「もう、しつこいね、大家さんまで。アッチはね、ホントに夢なんざ見てねえんですよ。

それを何だか知らねえけど、うちのカカアも隣の六も見た、見たって言う。冗談じゃねえよ。アッチはホントに夢なんか見てねえんだ」
大家「そうだよ。世間の奴はそんなこと言いたがるものだ。俺とお前は親子だ。なあ。どんな夢だった？」
八五郎「アッチはホントに夢なんか見てねえんすよ」
大家「俺は町役人だよ。この町役人にも言えねえのか？」
八五郎「町役人だろうが何だろうが見てねえ夢の話はできませんでしょう。道理でござんでしょ。ね！　どうもご仲裁ありがとうございます。どうぞお引き取り下さい。どうもお疲れ様でした。ありがとうございます」
大家「えれえ！　えれえなあ。さすが江戸っ子だ。そうでなきゃいけねえや、なあ。一旦こうと決めたことは、どんなことがあっても曲げねえ。それでこそ江戸っ子だ。あ〜あ、それでいい。それでいい。この俺にも喋らねえ。うん、それでいい。それでいい。（しばらく間を置き）長屋出てってもらおうか！」
八五郎「なあんで俺が長屋出てかなきゃいけないんだ」
大家「そうじゃねえか。町役人にも言えねえような、そんな物騒な夢見る野郎にこの長屋にいてもらっちゃ困るわ。いいから出てけ！」

八五郎「なに言ってんだ、そんなべらぼうな話があるか」

大家「べらぼうだ。店請け証文ってのは入ってんだ。いつ何時いりような時は必ず店を空けます。そういう約束で入ってるんじゃねえか。いいから」

八五郎「冗談言っちゃいけねえ、そんなべらぼうな話があるけえ。テコでも動かねえぞ」

大家「動かねえ？　よおし、奉行所へ訴える！」

八五郎「ああ、訴えてもらおうじゃないか！」

と、家主のケチベエが願書をしたためまして奉行所へ訴えた。お奉行様、この願書を見て弱っちゃった。

奉行「何だかよくわけがわからんが、まあ仕方がない。お調べをするか」

なんてなことになりました。お白洲《しらす》には町役人五人組が一同ずらあっと揃いました。前の方には家主のケチ兵衛と八五郎、下役のもの、蹲《つくばい》の同心がずらっと居並びます。一段高いところには、書役のものが筆を持って構えてる。紗綾型の襖の前に「ご出座ーっ！」という声と共に出てくるのが、これがお奉行様。

奉行「おっほん、あ〜蔵前、家主ケチ兵衛並び店子八五郎。両名の者、揃いおるか？」

下役「はっ、揃いおりましてございます」

奉行「町役人一同、揃いおりますか？」

町役「へえ、町役人一同、揃いおりましてござりまする」
奉行「ん、ご苦労である。両名の者オモテを上げよ。願書によると店子、八五郎なる者が見た夢を物語らんがために店立て申し付ける。とあるが、これケチ兵衛、これに相違がないか？」
大家「へえ。相違ござりません」
奉行「ん。八五郎はいかに？」
八五郎「へえ。間違いございません」
奉行「ケチ兵衛、もそっと前へ出よ。その方は町役人である。町役人と申さば、下々の鏡にならなくてはならぬ大切なお役だ。そのお役につきながら、たかだか見た夢を物語らんがぐらいで店立て申し付けるとは何事だ。言語道断、不届き次第。八五郎に罪はない。この願書は願い下げにいたす。左様心得よ。良いな。町役人一同に物申～す。上《かみ》多用の中、このようなつまらぬことで上の手を煩わすことは二度と相成らん。八五郎に罪はない。調べは相済んだ。一同の者、立ちませい！（帰りかける八五郎に）八五郎、どうじゃこのお調べは？」
八五郎「ありがとうございます」
奉行「いやいや、礼には及ばん。奉行、完服つかまつった。家内が聞きたがり、隣家の者が聞きたがり、家主が聞きたがったその夢の話。今日ただ今まで口外せなかったは男子の誉れ！　奉行、褒めてつかわす」

八五郎「ありがとうございます」

奉行「いやいや礼には及ばん。家内が聞きたがり、隣家の者が聞きたがり、家主が聞きたがったその夢の話。この奉行ぉ～には？」

八五郎「お奉行様。私はほんとに夢なんざ見てねえんでございます。どうぞご勘弁くださいまし」

奉行「（周りを見渡し）ほう、これは余としたことが気がつかなんだ。すまぬ、許せ。書役の者、暫時下がっておれ。蹲の同心去《い》ね、下役の者も下がれ。二人っきりだ。心配致すな、誰も聞いてはおらぬ。どのような夢を見た？」

八五郎「お奉行様、あたしは本当に夢なんざこれっぽっちも見てねえんでございますよ」

奉行「恐れ多くも、お上より奉行の職を頂いておるこの余にも話ができんと申すか？」

八五郎「お奉行様でもなんでも、見てねえ夢の話はできません。どうぞご勘弁くださいませ」

奉行「貴様あ！　まだシラをきるか！　さてはその方、幕府転覆を企んで」

八五郎「そんなバカな……」

奉行「この上は重き拷問を以てでも白状させてみせる。この者に縄打て！」

八五郎、荒縄でキリキリに縛られて庭の松の木にブラ下がって。

八五郎「俺、なんでこんな目にあわなくちゃいけないんだ」

蓑虫みたいにブラ～リブラ～リとぶら下がっておりますと、一陣の風がピューーっと吹いてまいりまして、八五郎、天中高く巻き上げられる。

八五郎「うわ～～～～～～～！　助けて～～～～～～～～（地上に叩きつけられ）イテ、おお～イテ。俺なんでこんな目にあわなくちゃいけないのか」

って、ヒョイッと目の前を見ますと、雲突くような大天狗。白髪を左右に分けまして、顔は真っ赤、鼻はあくまでも高く、一本歯の高下駄を履きまして、葉うちわを持った高尾の大天狗が！

天狗「心づいたか？」

八五郎「あなたは、お天狗様？」

天狗「いかにも高尾の大天狗だ」

八五郎「高尾の大天狗と申しますと、ここは高尾山でございますか？」

天狗「いかにも高尾の山中じゃ」

八五郎「なんであたくし、かようなところへ参ったんでございます？」

天狗「久々、江戸の上空を飛翔しよると奉行所の上で異なことを聞いた。家内が聞きたがり、隣家の者が聞きたがり、家主が聞きたかったその夢の話、口外せなかったぐらいで重き拷問を以てでも白状させてみせる、あのような奉行には人は裁けん。笑止千万！　そこでワシが助けてやった。いやいや、礼には及ばん。家内が聞きたがり、隣家の者が聞きたがり、家主が聞きたがり、また奉行まで聞きたがったその夢の話。いやいや、ワシは天狗じゃ。天狗じゃによってそのような話は聞きとうない。が！　なにがなんでもその方が話してみたい、聞いてください、ぜひ喋らせてくださいと申さば、聞いてやらんことはないがのう」

八五郎「大天狗様、命を助けていただいて、こんなこと言っちゃなんですが、あたくしね、ほんとに夢なんぞはこれっぽっちも見てねえんでござんすよ。それを、なんだか知らねえけど、皆で寄って集《たか》って見たって」

天狗「これ、これ、これ。ワシは天狗じゃ。どのような話を聞いたところで外界に知れる気遣いはない。ん～？　どのような夢を見た。それ、話してみ。話してみ。それ！」

八五郎「アッチはホントに夢なんか見てねえんですよ」

天狗「貴様あ～っ！　天狗に逆らうとどのようなことに相成るかわかっておるか。その身は八つにされ、杉の小枝に吊るされカラスの餌食になる。それでもよいか。貴様あ！」

八五郎「アッシはホントに、夢なんか見てねえんだい！」

天狗「まだシラを切るか。痴《し》れ者、覚悟！」

天狗の長い爪がハチゴロウの首へ、グサッ！

八五郎「た～すけ～て～～～～！」

お光「ちょいと、ちょいとお前さん、お前さん、起きなさいよ。どんな夢見たの？」

第3章

「笑い」を共有する

お客様には笑って元気になってもらいたい

よく「さん喬は、やっぱり人情噺がいいね」などと言っていただきます。ところが、この本の序章でもご説明しましたように、私は元来、人を楽しませることが大好きで、喜劇役者になりたいという夢を抱いたこともありました。そういった生来の気質もあったので実は私は、笑いの多い落とし噺、滑稽噺のほうが好きなんです。落とし噺のほうが聴いていて楽しいじゃないですか。

もちろん、人情噺では人を楽しませることなどできない、っていうわけではないんですが……。

でも、やっぱりお客様が私の噺で笑ってくださって、終わった後、「いやあ、体の疲れが取れたね」なんて思ってくださることがとても大事ですし、そもそもそれが噺家としてやりたかったことでした。

好むと好まざるとにかかわらず、「さん喬と言えば人情噺だ」とか、「女性の表現が上手」などと言われるようになってから、少々ニーズに応えすぎたなって反省する部分もなきにしも非《あら》ずなんです。

落とし噺、滑稽噺こそが、落語の真髄であり、落語本来の姿だと考えています。もちろん、人情噺は落語のなかで大きな位置を占めていますし、人情噺は滑稽話が基本にあるからこそ成り立つものです。滑稽話が面白くなくては人情噺も面白くない。これが落語、いえ、噺家の基本だと思います。


そんな私が人情噺をやるきっかけとなったのが、第1章で触れたように、NHK落語新人コンクールで私の「締め込み」を聴いた八代目正蔵師匠が、うちの師匠に「さん喬には人情噺を仕込んだほうがいいんじゃないか」って声をかけてくれたことでした。それで、まずは「文七元結《ぶんしちもっとい》」を手がけたのです。

そのころ、入船亭扇橋師匠からよく噺を教わっていたので、「文七元結」も扇橋師匠から習いました。「文七元結」を語るときに、最初から、「これから人情噺を演じる」という気持ちで噺に入るのか、そうではなく、お客様が聴いているうちに「これ、人情噺なんだ」と思って聴くほうがいいのか悩みました。

落語家には噺を残す義務がある

いずれにしても、自分としては理由はよくわかりませんが、私の「文七元結」を皆さんがやたらと評価してくだすって、以来、「さん喬は人情噺」と言われるようになり、数多くやるようになりました。

さらに「TBS落語研究会」のプロデューサーを務めた白井良幹《しらいよしもと》さんが、「人情噺をやりなさい」と言ってきて。その白井さんが「今度これやってみない?」と依頼してくるのは、ほとんどが圓生師匠のネタなんです。たまには、「うちの師匠のこれやんなよって言ってくれないかな」などと思いましたけど。

もちろん、白井さんには、「後世に残していかなくてはいけない噺がたくさんあるから、それを今やらなくては消えてしまう」という考えもおありになったと思います。

落語家には噺を残さなきゃいけないという、ある意味、義務があります。

今、寄席にいらしたらわかるように、かけられるネタの幅がどんどん狭くなって、違う噺家でも、だいたい毎日同じような噺ばかりがかけられています。

それでいて、「この人ならこの噺」っていうのが少ないんですね。かつてはお客様も、文楽師匠だったら「明烏《あけがらす》」が聴きたいとか「寝床」が聴きたいっていうのがあった。そうした、「この人が出てるんだったら、この噺が聴きたい」っていうのが、以前より少なくなっています。

とにかく自分では、今でも本当に落とし噺のほうが正直言って好きなんです。でも、自分の気持ちとは裏腹に、お客様やプロデューサー等の期待に応えなきゃいけない。そんなジレンマみたいなものもたしかにあります。

その一方で、自分では絶対選ばないだろうなっていう噺を、先の白井さんのようなプロデューサーに言われてやってみると、とても勉強になりました。

普段は「俺は絶対に『双蝶々《ふたつちょうちょう》』なんかやらねえよ」なんて思っていても、いざ『双蝶々』を通しでやってみないか」と言われれば、「やったことないし、やる気もしないけど、そもそも『双蝶々』ってどんな噺なんだっけ?」というように、噺を探求し、幅を広げるきっかけになる。だから結果として、そういう申し出はありがたいなと思って、極力受けるようにしています。

大事なのはお客様と世界を共有すること

では、私がどのように人情噺をやっているのか。

先ほどの「文七元結」で言いますと、この噺を扇橋師匠から教わったとき、内容を覚える段階で登場人物の考え方や置かれた状況などすべてのことを掘り下げて考え、流れを構築しました。

落とし噺の場合も、もちろんさまざまなやり方で流れを構築していきます。ですが、人情噺の場合、内容を覚える段階で「ああいうことじゃないか、こういうことかもしれない」とシチュエーションを考え、しゃべっていくうちに、いろんなことを腹落ちさせながら作り上げていくという感じなのです。

「文七元結」では、借金だらけの本所だるま横丁の左官、長兵衛が、娘の身を吉原に預ける代わりに五十両を借り受けます。ところが、その帰り道、吾妻橋を渡る途中で、集金した五十両をスリに盗られてしまい、死んでお詫びしようと今にも身投げしようとしている奉公人、文七に出会います。長兵衛は、今借りてきた五十両を文七にやって助けてやろうか、渡そうか、渡すまいかと迷うのです。

私はあるとき、この場面をあまりにも力を入れて演技しすぎたため過呼吸になって、倒れそうになりました。もう、「はあっ、はあっ、はあっ」と息も切れ切れです。感情が入りすぎてしまい、頭がふわーっとしてきたんですね。そのとき思いました。

「バカだな、俺は。そんなに感情を込めて」って。

それからですね。人情噺は入り込みすぎちゃいけないってわかったのです。

ただし、実はこれは自分だけの考え方じゃありません。第1章で「幾代餅」の一場面について、師匠に教わったエピソードを申し上げました。

私が「幾代餅」の主人公である清蔵の気持ちを勝手に考えて演じたところ、師匠から「それはお前の考え方だろ、客はお前の考えなんか聴きに来ちゃいないんだよ」ってたしなめられたというもの。それと、先ほどの「文七元結」の過呼吸の話は、いわば同じ文脈にあります。

実際、師匠に指摘されて、「その通りだな」と納得したのと一緒です。自分がどう思うか、考えるかではなく、どういう世界をお客様と共有できるのか、それが一番大事だということです。

たとえば「二番煎じ」をやっていたら、ただ辰っつぁんがのろけ話をしているんじゃなしに、それを聞いている町内の旦那連中の姿や静まり返った凍てつく江戸の町並みが見えてこなければダメだ。そういうことを考えるようになったのです。

師匠の落とし噺に表れる「人情」

うちの師匠の人情噺は少ないものの、「お節徳三郎《せつとくさぶろう》」はよくやっておいででした。でも、私は世の中では落とし噺だとされている師匠の「うどん屋」も、実は人情噺だと思っています。

師匠の「うどん屋」を聴くと、本当の人情噺ってこうなんだな、って思うんです。そもそも人情噺は、悲しいとか感動するとかではなく、人の情が描かれている噺じゃないですか。「人情噺」って字に書くと、まさに「人の情」なのに、なんで悲しいこと、泣けるテーマだけが「人情」なんでしょうか。

その点、うちの師匠のうどん屋は、まさしく「情」。うどん屋は一杯でも食ってもらいたいから、聞きたくもない酔っぱらった客の話を「えへへへ」と聞く。客のほうは、自分が小さいころから知っている近所の娘の成長ぶりを、うれしそうに話す。そういった、どの人間の奥底にもある本当の情を、師匠は笑いだけで表現していました。

だから、人情噺は悲しいもんだとか、涙を誘うもんだという考え方自体、違うだろうって思うんです。

人情噺には笑いがなきゃ絶対ダメだと思います。もちろん、どうやっても笑いの入る余地がない噺もありますが。それでも、どこかにフッとした笑いを入れなきゃいけないんです。緊張して聴いていた客が、そこでホッとして気を楽にして噺の世界に入ることができると思います。

かつて、落語協会は『ぞろぞろ』という雑誌を出しておりました。私は一時期、その編集委員をやったことがあります。1995（平成7）年、うちの師匠が落語家初の人間国宝に認定されたとき、協会幹部から「おめぇ、弟子なんだからインタビューしてこい」と命じられました。

正直、「イヤだな、師匠にインタビューなんて」と思いながら、なんとかいろいろお話をうかがいました。そのなかでも覚えているのが、

「人間国宝に選ばれて、何か変わったことがありますか？」

「何もねぇよ。ただ、客がな、俺のことを『人間国宝』って顔で聴いてやがんだ」

こんな面白い話をうかがって最後、

「師匠、どうもありがとうございました」

って言った瞬間、ここが聞きどきだなと思い、怒られるのを承知で常々感じていた

師匠の家の庭で。私が来ているシャツは師匠からのお下がり。

ことをうかがったんです。

「師匠の落語の集大成は、私は『うどん屋』だと思います。違いますか?」

自分のなかの情の表現の仕方、あるいは、うどんを食う仕草、ご存じの通り、うちの師匠の仕草は本当に上手でしたから、そういうことを全部含めて、やっぱりうちの師匠の集大成というか、芸の真髄を集約したのは「うどん屋」だろうなと、私はいつも思っていたのです。

「余計なこと言うな!」って怒鳴られる覚悟で質問を投げかけたところ、師匠は素直にこうおっしゃいました。

「そうだな」

このひと言が口をついて出るまで、師匠はどれぐらい考えていたでしょうか。おそらく1、2分は考えていたと思います。いや、私がそれくらい長く感じただけで、本当は30秒ぐらいだったかもしれません。でも、それはそれは真剣に考え、答えてくだすったのです。

自然というか、あるがままのたたずまいというのは、こういうことなのだろうと思いました。それが師匠のたどり着いた境地なんだろうと思います。私もそこまで行ければいいなと日々思いつつ噺家を続けておりますが、果たして一体いつになったら、その境地にたどり着けるのやら……。

まだまだ精進の身ではございますが、ただ、お客様がときどき言ってくださることがあります。手前味噌でうぬぼれた言い方に聞こえるかもしれませんが、「江戸の風景のなかにいるようでした」とか、「噺の景色が見えました」などと、お声がけいただくことがあるのです。

私は、SNSといった類のものを見ないので詳しいところはわかりませんが、「いいね」というような高評価が得られていると、ときどき教えてくださる方があります。「いいね」と言われるのはやっぱりいいね、ありがたいね、と思います。

お忙しいなか、そんなふうに感想を共有していただけるということは、やはり落語の世界にお客様ご自身も入り込んでいらっしゃるからではないでしょうか。

お客様との落語の共有で一番記憶に残っているのは「鰍沢《かじかざわ》」です。かつて、昔の本牧亭で、お客様はそれこそ10人かそこいらしかいないなか、「鰍沢」をかけました。

噺の途中、「おや、また雪が降ってきたようですね」と私がしゃべったところ、お客様が全員後ろを振り向いたのです。あのときの「鰍沢」は、自分でも「へえ、すげぇ」と思いました。

ちなみに、その場で聴いてくださったお客様から、「あの『鰍沢』をうちの会でやってくれませんか」というご依頼までありました。私はこう答えました。

「あんな『鰍沢』は二度とできませんよ」と。

それくらい、自分が今まででやってきたなかで、ひときわ強い印象が残っています。

アメリカの大学生が目にした「芝浜」の海

お客様と落語を共有することの大切さを実感する、もう一つの得難い体験がありました。それは、海を渡った遠いアメリカでのこと。

あるとき、日本語を学ぶアメリカの大学生を前に、「芝浜」を演じる機会がありました。終わって高座を下りたとき、一人の女子学生が来て私にこう言ったのです。

「師匠、海が見えました」と。

もちろん、アメリカ人の彼女は芝の浜、芝の海なんて知らないし、見たこともありません。かく言う私だって実際、当時の芝浜は知りません。なのに、彼女はたしかに「海が見えました」と言ったのです。

そのとき、私はこう思いました。

「あ、なるほど、そうなんだ。彼女が見た海というのは日本の海ではなく、自分が生まれ育ったところの海、あるいは自分が見た海のことであって、私にはその海の光景は想像できないし、見ることはできない。だけど、それでいいんだ」

こうしたことがわかると、落語は決して限定するものではない、むしろ観客の想像の自由に委ねるもんだと改めて感じます。つまり落語とは「委ねる芸」なのです。こう考えてください、聴いてください、この景色を見てくださいというのではなく……。

そうしてお客様に委ねた空間が、落語の共有につながるんじゃないでしょうか。

「芝浜」と言えば「三木助の芝浜か、芝浜の三木助か」と言われたように三代目桂三木助師匠の得意ネタです。三木助師匠は夜明けの芝の海から太陽が昇ってきて、星がどんどん消えていく。あるいは、帆かけ船が入ってきたといったように、微に入り細をうがった描写をしました。

名作の誉れ高いので、皆どうしてもこうした三木助流でやりたがります。一方で、古今亭志ん朝師匠が描く芝の浜の情景は、主人公の魚屋が日の出の海を眺めながら、煙草を吸うだけでした。それだけでも海の夜明けが見えてきました。私もその場面の情景描写をこと細かにやることはありません。もちろん、決して三木助師匠を否定するわけではありませんよ。味わいは人それぞれです。

うちの師匠は「芝浜」をかけませんでしたが、先ほど申し上げた「うどん屋」などでも細かく描写することは絶対にしませんでした。師匠は、とことんお客様に委ねるやり方でした。「うどん屋」でも、「めでてぇ」って言う、酔っ払った男のひと言でもって状況がサーッと変わる。

細かい描写の妙味もある一方で、そういう演じ方も大事だと思います。

私たちの周りにまだまだある江戸

落とし噺、人情噺に限らず古典は江戸落語ですから、私たちはこれを引き継がなくてはなりません。その点、長らく続いたコロナ禍により、このごろはなかなかうかがえなかった歌舞伎は、われわれ噺家にとって基本的な素養となります。歌舞伎は伝統をしっかりと守っていますから、「今どきだからこういうふうにしよう」ってことはまずない。だから、ものすごく勉強になります。

落語のほうでも歌舞伎と同じように江戸弁を使いますが、どうかすると、限りなく現代語に近い江戸弁になってしまいます。とくに、普段、新作が多い噺家さんなど（いや、あなたが思っているあの人ではありませんよ！）がたまに古典落語をやると、そうなってしまう傾向が感じられます。

ですから、お客様は江戸弁を聴いているつもりかもしれないけど、その時代や街並みといった背景は見えてこない。ということは、演者も背景が見えていないことになります。

たとえば、八っつぁんがご隠居の家を訪ねるときに、果たして、演者はご隠居さんの家の構造がきちんとわかっているのか。八っつぁんが外から声をかけても、おそらくご隠居からなかなか見えないでしょう。だから、それを踏まえると目線や演じ方なども変わってくるわけです。

こうしたことは、歌舞伎を観れば難なくわかることです。

歌舞伎は長屋が舞台であれば長屋のセットを作りますし、商家なら商店を舞台上に再現します。私は、神田の鳶《とび》の頭《かしら》に可愛がっていただいたことがありました。そのため、頭の家へお邪魔したことがあります。昔ながらの作りで、「こういうウチに住みてえなあ」と思うような家でした。

あるいは、若いころに「心眼《しんがん》」をやるにあたり、噺に登場する「茅場町のお薬師様」ってどこだろうと、探しに行ったこともあります。まだ私の若い時分ですから、仕舞《しもた》屋《や》(店じまいをした商家)などが残っていました。

ただ、肝心のお薬師様の場所がどうしてもわからない。そこで、土地の頭に話を聞きました。すると、その方ご自身が、落語に出てくる頭のような話し方をする人だったのです。

時代が進むにつれ、こういう経験をすること自体が減ってきています。だからこそ、そうしたことを勉強するには、やっぱり歌舞伎を観るとか、実際に江戸の雰囲気が残っている街へ足を運んで探してみることが大事だと思います。

東京には、今でも長屋は残っています。もちろん、すべて木造ではなくアルミサッシの戸になっていたりはしますが……。

また、何も東京に限らなくてもいいわけです。地方に行けば長屋が残っているところもありますし、金沢の町屋には、いまだに江戸時代から続く街並みが残っているところもあります。

それと、当時の江戸の風景について勉強をしたいと思ったら、芝居や映画もいろいろあります。現代の人にはわからない廓のことでも『吉原炎上』や、幕末の品川宿を舞台にした『幕末太陽伝』のような映画を観て、当時の風景を追体験することも大事なことなのです。

とにかく「ああ、こうだったんだな」ということは、勉強する気になれば材料はまだまだあります。こうして自ら学んでいけば、何かしら身につくはずでしょう。

ライバルは存在しない

よく質問されるのが、「さん喬さんのライバルは誰ですか?」ということです。

その答えは、「ライバルと思う人はいません」。

私は肯定的に相手を認めます。「こいつのこれはいい」とか。その時点で、その相手はライバルではなくなります。

逆に切磋琢磨《せっさたくま》というか、「こいつがいたおかげで、今の俺がある」っていう人は、たしかにいると思います。たとえば柳家権太楼《ごんたろう》さんなんかは、私にとってまさにそういう人です。ただ、彼をライバルだとは思っていません。ライバルっていうと、競い合い続けてどちらが上に立つか、そんな気持ちになってしまうのです。

その点、私は権太楼さんのことを「権太楼は権太楼なんだ」と認めています。彼を

権太楼さんとの二人会の宣材写真。
どこかで聞いたことがあるキャッチフレーズ。時代です。

認めるということは、自分にとってライバルではなく、芸人としてその技を認めるということです。五街道雲助さんも同様です。かつて本牧亭で一緒に「若手花形落語会」をやっていた古今亭志《し》ん橋《きょう》さんとか、春風亭一朝《いっちょう》さんも同じです。

そうした人たちのよさを認めると、自然と彼らと競り合っていこうという気にはなりません。でも、芸ってそういうもんじゃないかなと思います。互いの個性を尊重し合っていくのが芸であって、どちらが上かを競い合おうっていう一般的なライバル関係とは違います。

陸上の100メートル走の選手だったら、ライバルとの差は何秒で、その何秒を追い越すために努力をします。しかし、芸はそういうものではないと思います。一つひとつ、一人ひとりの表現の仕方が大事であって、どちらが正解ということではないんじゃないかと。だから、私にはライバルはいないのです。まあ、ときに批判くらいはしますが（笑）。

私に「あなたにとってのライバルは誰ですか？」と聞く人は皆さん、きっと権太楼さんと言うと思っているのでしょう。

「この部分は、俺、権ちゃんにはかなわない」っていうように思うことはあっても、じゃあ、なんとか権太楼さん以上にお客様をウケさせようとかっていうようには思わない。それは無理だと思っていますし。何と言っても、あのキャラですからね。立ち向かおうたって無理です。とてもかないませんから（笑）。

デコレーションケーキと「守・破・離」

うちの師匠は、芸は「守《しゆ》・破《は》・離《り》」とよく言っておいででした。

「守」とは「守ること」、すなわち、教えていただいた噺を型通り素直に演じること。「破」とは素直に演じるだけではなく、教わったことの殻を破り、そこから踏み出すこと。「離」とは、旧来の型や雰囲気を感じさせない、新しい噺として創り上げること。しかし、それでいて根幹は本来の古典落語としての型を踏まえた揺るぎのないもの、それが「離」だとおっしゃっていました。

「守・破」までは誰でも、とは言いませんけれどある程度はできます。しかし、「離」が一番難しい。

八代目文楽師匠が得意としていた「按摩《あんま》の炬燵《こたつ》」をうちの師匠がやったときは、文楽師匠の匂いが全然しませんでした。つまり、「小さんの『按摩の炬燵』」になっているわけです。これが「離」なんでしょうね。でも、私などは、「師匠に似ているね」と言われることがうれしいと思うことも、正直あります。

ともかく、近年の噺家の歴史のなかで「名人上手」と言われる師匠方は、恐らく、この「守・破・離」ができていた方々なのだと思います。その師匠方の芸が今日に受け継がれ、有望な噺家が出てきているのは、各人の「離」が成し遂げられたことの証しではないでしょうか。

では、私自身はどうなのか。

私はかつて、小さんというスポンジケーキの上に、志ん朝というクリームを塗って、談志というデコレーションをつけたいと思っていました。

私にとって憧れのデコレーションだった談志師匠とともに。

しかし、それでは全部先輩方の作ったものを塗ったり載せたりしただけです。

やっぱり、さん喬オリジナルのケーキを作らなきゃいけません。ケーキをそんなふうに作り上げていったのでは、「離」は達成できないのです。

今の私はまだ「守・破」までしか行っていないと思います。

私にとっての「離」は何なのか。

それはこれからも追求しなければならない永遠のテーマです。

さん喬落語②

『文七元結』

あらすじ

博打で借金だらけの長兵衛は女房のお兼と喧嘩ばかり。それを案じ吉原に身売りしようとした娘のお久により、長兵衛は店から五十両を借り受ける。その帰り道、店の金五十両をすられ絶望のあまり身投げしようとする若者、文七と出会った長兵衛は……。

さん喬のポイント

私が人情噺をやるきっかけになった作品です。覚えはじめは、どうにかして観客に感動を与えようと、人の命の大切さに重きをおいて演じておりましたが、それではこの噺の爽やかな部分が損なわれると思い、ジャンルは気にせず、「いい噺を聴いたね」と思っていただけるような噺にしたいと考えるようになりました。今は、この噺を演じるときは人情噺としてではなく、落とし噺として演じることを心がけております。

長兵衛　「あばよー！　ああ寒。寒い、寒いねえ。つかねえときゃつかねえな。丁と張りゃあ半と出る、半と張りゃあ丁と出るよ。シャクに触ったから丁と半いっぺんに張ってやったよ。サイコロ重なって出てきやがったよ、冗談じゃねえ。ああ寒い、へぇえ、へぇえ」

（長兵衛、本所達磨横丁の家に着く）

長兵衛　「おう、今けえったい。なんでい？　いねえのかい、お、驚いた、いるのかい。いるなら返事ぐらいしろい。灯りもつけねえで陰気くせえなあ。灯りぐらい点けたらどうだよ」

お兼　「いま点つけるよ。お前さん、どこ行ってたんだい？」

長兵衛　「へへへ、どこ行ってたも何もあるものかい。いま時分、鳶細川《とびほそかわ》の法被《はっぴ》一枚で町中歩いてみろ。細川で博打やってすっかりスられてきましたって世間に話して歩いてようなもんだ」

お兼　「お前さん、どうしてそんなふうになっちまったんだい。お前さんがそんなふうだからね。お久いないよ」

長兵衛　「お久がいねえ？　そういや、この間から、やけに建具屋の半公が色目使ってやがった。タテハンのとこにでも行ってやがんだろ？」

お兼　「なに言ってんだい。あの子がそんなことするわけないじゃないか。そりゃね、あの子、あたしの本当の子じゃないけど、あんな優しい子ありゃしないや。『おっかさん、腰が痛けりゃさすってあげる、肩が張りゃ揉んであげる』って、そんな優しい子じゃないか。そんな優しい子があたしに黙ってうち飛び出すわけないじゃないか。お前さんがそうやってね、博打ばっかり夢中になってるもんだから、ああ、こんな辛い思いするなら、いっそのことどんな男とでもいい、一緒になっちまった方が楽だろうって、うち飛び出しちまったんだ。お前さん、お久十七だよ。十七っていや近所の娘たち『これ、おっかさんに縫ってもらったんだ。おとっつぁんに買ってもらったんだ』って新しい前掛けの一枚みんなに見せびらかしてる、そんな歳じゃないか。それがお前さんがそうやって毎日々々博打ばっかりやって。少しはお久のこと考えてやったらどうなんだい」

長兵衛　「うるせえな、コンチクショウ！　帰ってくりゃ陰気くせえことばかり言いやがって。手前がそんなふうだからな、博打だってつかねえんだ」

お兼　「なに言ってんだ、博打つかないの私のせいにされてたまるか。お前さん、世間様からなんて言われてるんだ。あの人は名人だ、あの人に壁まかせりゃ落雁肌《らくがんはだ》だって。そんなありがたいお言葉頂いてるお前さんじゃないか。それ、お前さんが博打……」

長兵衛　「うるせえな！」（大声を出す長兵衛）

藤助　「ごめん下さいまし、ごめん下さいまし」

長兵衛　「おう、ちょいと待った。開けちゃあいけねえ。（妻お兼に）おう、誰か来てえぃ。そんなところでメソメソ泣いてねえでスッこんでろ。おう、いいよ、開けてくんねい」

藤助「ごめん下さいまし。親方、どうも」

長兵衛「お見それしちゃったな。えーと、どちら様でしたかね？」

藤助「お見忘れでございますか。アタクシでございますよ、佐野槌《さのづち》の藤助《とうすけ》でございます」

長兵衛「（ポンと手を叩き）藤どんだ！　アハハ、こりゃいけねえ。すっかり見違えちゃったね。いや、どうもすみません。わかってるよ、壁の塗り替えのことだよね。うん、あのね、女将さんにそう言っといてくんねえかな。今日明日ってわけにはいかねえ。てのはね、うちにちょいと取り込み事があってね、それが片付いたら伺いますって。大晦日までには必ず壁は塗り替えるって、女将さんにそう言っといてくんねえかな」

藤助「左様でございますか。はい、承知致しました。ですが親方、こんち伺いましたのは壁の塗り替えのこっちゃございませんよ。いまお取り込み事とおっしゃいましたが、それ、御当家の娘御さんのこっちゃごさんせんか？」

長兵衛「へへへ。ええ、まあそうなんですが」

藤助「やはり左様でございましょう。どうぞご安心下さいませ。お嬢さんは手前どもへお越しでございます」

長兵衛「えっ！　佐野槌さんへ。あの野郎、吉原なんて何しに行きやがった。あ、そうですか、へい、わかりました。じゃあこれからすぐ後を追っかけますよ。ま、こんなナリでもなんですからね、着物を着替えて出直しますんで、ええ。女将さんにそう言っておいてくれねえかな。すまねえ。あ、そうだ。藤どん、そこ気をつけて。どぶ板腐ってんだ。うん。すまねえね」（遠目で藤助を見送る）

長兵衛「見ろ！　心配したこっちゃねえよ、メソメソしやがって。佐野槌へ行ってるっていうじゃねえか。こんななりじゃお前、吉原なんざ行けねえ。ちょっと着物出せ、着物」

お兼「着物？　そんなもんあるわけないじゃないか。みんな借金のカタに入っちまってる。箪笥開けてごらんよ。虫一匹いやしないよ」

長兵衛「そんなこと言ったって、こんな細川の法被一枚でもって吉原なんぞいけるかよ。何かねえのか、何か。じゃあ、それ、お前の着物脱げ」

お兼「ヤだよ。アタシだってこれ一枚きりなんだから。これ脱いだら腰巻き一つになっちまうよ」

長兵衛「いいから、構わねえから脱ぎゃあがれ」

ヤッコさん、嫌がるかみさんの着物を無理やり剥がすようにして、これを着まして、吉原へやって来ました。そこは見栄の場所でございますから、女の着物を着て表から堂々と入るようなわけには参りません。裏へ回りまして。

長兵衛「ごめん下さい、ごめんねい」

女中「はい、だれ？　なんだい？　この人は女の着物なんて着て。薄気味悪いね。何も上げるものはないやね。お通んさいよ」

長兵衛　「いえ、あの、左官の長兵衛でございますが、女将さんに」
女中　「あっ！　なんだ、親方じゃありませんか」（あわててその場をとりつくろいながら）
女中　「んだねえ、水口から入るから。ごめんなさい」
女中「あの、藤どん、藤どん！あの、達磨横丁の親方お見えになったけど」
藤助　「え、なんですねえ、親方、水口から。え、どうぞどうぞ。あの、女将さんお待ちでございますよ」
長兵衛　「すいやせんね」
藤助　「女将さん、達磨横丁の親方お見えになりましたが」
女将　「あ、そうかい。こっち入ってもらっておくれ。親方、お久しぶり。もうみんないいよ。あ、藤どん、お前もご苦労様。そこ閉めといてね。はいはい、はい」（目で藤助に指示するように）
女将　「親方、元気そうだね」
長兵衛　「どうも、女将さん、ご無沙汰ばかりで申し訳ございやませんで。ええ、女将さんもお達者の様子で」
藤助　「ああ元気でやってる。ねえ、親方、お前さん、このごろ大層忙しいんだってね」
長兵衛　「えっへへっへ、とんでもねえ、貧乏暇なしってやつでござんすよ、ええ」
藤助　「いや、そうじゃない。仕事じゃないや。私はよくわからないんだけどね、駒札っていうのかい、ね。それをあっちにつけてみたり、こっちに曲げてみたりするのに大層忙しいんだってね」

長兵衛「なんですね、女将さん、やだな、そんなこと。アッチはそんなものはこれっぱかりもしゃあしません」

女将「嘘をおつきでないよ！　お久から聞いたよ」（長兵衛に目をやりながら）

長兵衛「お久あ、なんだってうち出つくんならお袋にそう言ってくんねえんだよ。ええ、心配してんじゃねーか。第一なあ、こういうところは見栄の場所ってんだぞ。そこに来るのにそんな汚ねえ格好で来るんじゃねえよ。簞笥の中にいくらでもいい着物あるんだから、それ引っ張り出してくりゃいいじゃねえか」

女将「お前さんも簞笥の中から出してきた方がよさそう」

長兵衛「いやいや。こりゃまあ、アッチはもう、エへへ、男でございますから、ま、よろしいんでござんすが」

女将「いえね、そんなことはどうでもいいんだけどね。お前さんに来てもらったのはお久のことだ。あのね、お久がうちに来てさ、女将さんにどうあっても聞いてほしいことがある。いやさ、聞いてもらいたいことがあるってさ。ずいぶん生意気なこと言うようになったと思ったよ。何がってそうじゃないか。ついこの間だ。ね、お前さんが仕事してるところへ弁当を届けて仕事の邪魔して遊んでるようなその子供がさ、女将さんにどうあっても聞いていただきたいって。何を言うのかと思ったよ。ま、上げて話聞きました。みんな泣いちまったよ。
この子がね、ここへ来てさ、両の手ついて『女将さん、うちのおとっつぁんはこのところ博打って
ものに夢中になって仕事をしてくれません。お酒飲んで酔っ払って帰ってくれば、おっかさんをぶ
ったり蹴飛ばしたりします。本当のおっかさんだって、そんなことしてりゃ、あたし、それ見てて
切なくて仕方がありません。本当のおっかさんじゃないだけに、あたしは、おっかさんが気の毒で
可哀想で仕方がありませんから、女将さん、あたしをいくらでもいいですから買って下さいって。
その買って下すったお金を女将さんの方からうちのおとっつぁんに渡して意見してやって下さい。
娘のあたしがそんなこと言ったって聞いてくれるようなおとっつぁんじゃないし、そんなこと娘の
私がそんなことするのは生意気だし。女将さん、どうぞ私をいくらでもいいから買ってください』
って。その畳にね、おでこ擦り寄せるようにして、あたしに頼むんだよ。いくらでもいいですから
買って下さいってさ。他人じゃないよ。お前さんのたった一人の娘だ。その大事な大事な娘に、こ
んなところでいくらでもいいですから買ってくださいなんて、そんなセリフ言わせるようなことを、
お前、なんでしまったの！（叱りつけるように）」

長兵衛　「…………」

女将　「大きな声出してすまなかったけど、お前さん、世間様からなんて言われてるの。あの人は
名人だ、あの人に壁を任せれば落雁肌だって、そんなありがたいお言葉いただいてるお前さんが、

なんでそんなことしちまったの。えっ！　うちの人が生きてたら、腕の一本、足の一本折られたって文句も言えないだろ。違うかい？　（ちょっと気を取り直して）でね、親方、いくらあったら借金返して元のように仕事ができるようになるんだい？」

長兵衛「へぇーっ、五十両がとこありゃ」

女将「五十両？　大金だねえ。もしその五十両をね、あたしがお前さんに貸して上げたとして、いつ返してくれる？」

長兵衛「へえ、もし女将さん五十両貸して下さりゃあ、死んだ気になって働いて正月の晦日までに」

女将「お前、なに言ってんだよ。今日いっかだと思ってんの。暮れの二十三日だよ。お前さんがどれだけ腕の立つ職人さんか知らないが、たかだかひと月で五十両なんてどうやって稼ぐことができるんだね。つまらない見栄張っちゃいけない、ね。いつ返してくれる？」

長兵衛「へい、来年の盆までにゃあ」

女将「あ、そう。じゃあ、あたしが半年助けてあげよう、ね。だから、来年の大晦日までに五十両返して下さい。その代わり五十両のカタは取らしてもらいますよ。お久を五十両のカタにうちで預かる。いえ、大丈夫だよ、そんな、店出すようなことしやしない。この子が覚えたいことがあれば、女一通りのことはあたしの方で教えといてあげましょう。だけどね、親方、来年の大晦日までに五十両返してくれなければ、あたしは鬼になるよ。いいかい、この子店出すよ。こんな里だ。店

さん喬落語②『文七元結』

へ出りゃどんな男とも一つ寝しなくちゃならない。中には妙な病を持った男とも衣々《きぬぎぬ》を重ねなくちゃならないかも……しれないよ。いいね。来年の大晦日までに五十両返してくれなければ、あたしは鬼になるよ」

長兵衛「へい……へいっ」（自分に誓うように）

女将「お久、ちょっとこっちへおいで。ここにね、五十両あるから。これ、お前からおとっつぁんに渡してお上げな」（五十両の財布をお久に渡す）

お久「おとっつぁん、お金。あたし、これから女将さんのお家にご厄介になるから、もう、おっかさんの面倒見てあげられない。おっかさん、よく腰が痛いってそう言ってるから、もしね、もし腰に手を当てていたら、ちょっとでいいからさすってあげてね。お酒飲んでもいいけど、おっかさんぶったり蹴飛ばしたりしちゃ、ダメだよ。生意気なことしてごめんね」（お久の渡す財布を受け取りながら）

長兵衛「はいよ……あいよ。お久、こういうところはな、上の人に逆らっちゃいけねえんだぞ。いいかい。もしお前が何かしくじって殴られるようなことがあってもな、その人のことを恨んじゃいけねえ。もしな、もし殴られたら、お手は痛くありませんでしたか、な。そのぐらいのことは言えなきゃだめだ、いいかい。えっ、なんだこの野郎、えっへっへっへ。なんか生意気なこと言ったって、まだガキだ、コンチクショウ。泣いてやんの」

女将「泣いてんのはお前さんじゃないか、ね。おかみさん心配なすってんじゃないかい。早く行って安心させてお上げね」

長兵衛「へいっ……」

五十両を懐へねじ込みまして、大門をくぐって見返り柳を背中に土手八丁をぶらぶらと右に道哲《どうてつ》、左に聖天《しょうてん》の森、待乳山《まっちやま》、山の宿から花川戸《はなかわど》、左へ曲がりますと、吾妻橋。吾妻橋の橋の袂《たもと》へやってまいりまして、ひょいと振り返ります。当時のことでございますから、目の前を遮るようなものは何もございません。暗闇の中にただ吉原だけがまるで紅を流したように、ポウ〜〜ッと浮き立っております。

長兵衛「お久、すまねえ。堪忍しつくれ（吉原の方向から吾妻橋へ目を移す）なあんだ、あの野郎、欄干に足踏みかけて。身投げ？（そっと後ろへ回り肩に手をかけ）待ちないっ！」

文七「あっ、あっ！　はっ、放して下さい！　放して！」

長兵衛「何を言ってるんでぃ、おめえ、放したらお前飛び込んじまうんだろ。まあ、とにかく欄干から足を下ろしな。いいから、その欄干から足を！」

文七「生きていても仕方がないんです。死ぬよりほかないんですから。どうぞ助けると思って死なせてくだ」

長兵衛「いや、そんな器用なことはできねえよ。な、おめえをいちどきに助けたり殺したりはできねえんだよ。まっ、とりあえず今日は助けるよりしょうがねえんだ、な。ま、今日のところは助けさせてもらうな。ま、いいから、その、欄干から足を下ろして、欄干から足を降ろしゃあがれ！

（文七の顔を叩き正気づける）

文七　「（文七倒れて）痛いじゃありませんか乱暴して。怪我でもしたらどうする？」

長兵衛　「何言ってやあがるんでぃん、この野郎！　お前、死ぬってそう言ってんじゃねえか。怪我くらいで助かりゃ豪儀なもんだい。ははあ、お店ごしらえか？　吉原は近えや。おめえ、なんだなあ、吉原の女にうめえこと言いくるめられて店の金使い込みゃあがったな」

文七　「とんでもありません。そんな大それたことできるような人間じゃございません」

長兵衛　「あ、そうかい。じゃ、なんだって死のうなんて気持ちになったんだい、ええ？」

文七　「あなたのような方にお話したってどうにもなりません。どうぞお通り下さい、お通りくだ」

長兵衛　「この野郎！　乞食追っ払うような真似するねえぃ。あ、そうか、俺が女の着物なんぞ着てるもんだから。まあよ、女の着物を着てるが、ひょっとしたらおめえの相談相手にならねえとも限らねえや。な、どうしたい？　なんだって死のうなんて気になったんだよ、話してごらんよ」

文七　「へい」

長兵衛　「ひょっとしたら何かの力になるかもしれねえや、どうしたんだ？」

文七　「お話を申し上げたら、飛び込んでもよろしゅうございますか？」

長兵衛「そりゃ話聞いたから、さあどうぞってわけにいかねえけど、どうしたんだよ？　話してごらんよ。えっ、なんだって死のうなんて気になったんだよ。ようっ！」

文七「あたしは横山町三丁目鼈甲《べっこう》問屋近江屋卯兵衛のところの若いもんで、文七と申します。こんち小梅の水戸様に五十両のお掛けを頂戴に上がりました。御用人の小林様と碁を打っておりまして、小林様が『おい、だいぶ遅くなったが、文七、店は心配しちゃいないか』って。あたくし慌ててお屋敷を出て参りました。枕橋のところまで参りますと懐手した人相の悪い男が、あたくしが右よけりゃ向こうは左、左よけりゃ向こうは右。いきなりあたしにドンとぶつかって参りまして「気をつけろ、バカ野郎！」って。ああ、ああいう奴が人の懐から財布やなんか抜き取るんだ、気をつけなくちゃいけないなと懐へ手をやりましたら、確かにお預かりしたはずの五十両がございません。あたくしすぐ追いかけました……すぐ追いかけましたあ！　くっくっくっく（泣きながら）すぐ追いかけたんだあ～。すぐ追いかけたんです。影も形もありませんでした。五十両なんてお金、アタクシにどうにもなりません。死んでお詫びをしようと思ってここへやって参りました。さっ、お話申し上げました。お通りください」

長兵衛「スラれちゃったのか！　バカだねえ、お前～。五十両なんて金を預かって、（慌てて自分の懐を抑えて）……歩いてんだったら懐しっかり押さえてなきゃダメじゃねえか。スラれちゃったのか。スラれた金は今更出てきやしねえやな。お前んとこの旦那ってのは因業か？」

文七「……」

長兵衛「ううん、みなし子のお前を今まで育ててくれた（文七の話を聞くように）。あ、それだったらよ、な。旦那にわけ話してお前の給金の中から五年かかろうが十年かかろうが二十年かかろうが、いいじゃねえか、返すようにすりゃ。話はわかってくれるだろう。ええ？　今まで散々わがまま言ってるからそんなことは頼めねえ？　いや、だけどお前、そのぐれえの話はできるだろう。えー〜そうかい。じゃ、おじさんでもおばさんでもさ、相談してたとえ半分でも……ああ、みなし子か。いや、だけどよ、お前が死んだところでその五十両は出て来ねえや。その理屈はわかるんだろ。それじゃ死んだってしょうがねえじゃねえかよ。な、おめえが死んで五十両がその旦那の手元へ行くんなら話は別だ。五十両出て来ねえんだい、死んだってしょうがねえじゃねえか。な、生きてろよ。生きてりゃな、なんかいいことあるんだ。死んじゃいけねえ。なあ！　五十両かあ、じゃあ（懐に手を当て一瞬戸惑いながら）じゃあ俺行くからな（文七が飛び込もうとするのを後ろから肩に手をかけ）ちょっと待てよお前、なんですぐ欄干に足を踏みかけんだよ。お前のドカンボコンなんて音聞いてみろ。こっちは寝覚め悪くてしょうがねえじゃねえか。いいから足を下ろせ、コンチクショウ！　お前が死んだって五十両出て来ねえ。その理屈はわかるんだろう。じゃ、死んだってしょうがねえじゃねえか。死んで花実が咲くものかってえ言うじゃねえか。生きてろよ、生きてりゃなんかいいことあるぜ、な。『俺は若え時分に五十両スラれて死のうと思ったけど、若え時分てえのはつまらないことを考えるもんだ、アッハッハ』ってさ、生きてりゃ笑うことだってできるじゃねえか。死んだら笑うこともできねえんだ。なあ、生きてろよ、生きてりゃなんかいいことあるよ。死んじゃいけねえ……五十両かあ。なんともならねえなあ。じゃ、俺行くからな（文七が飛び込もうとする）待てよお、この野郎！　おう、お前ホントに、俺行ったら死ぬのかよ。チッ、誰か来ねえかな。来りゃ押っ付けてやるんだけど、こういう時って人は通らねえもんだなあ。昼間あんだけ人が通るのにな。おい、物は相談だけどよ、俺、お前に十両やるよ。十両でなんとかならねえかな？」

文七「十両ぽっちのお金」

長兵衛「なんだ、この野郎！　なんだあ、十両ぽっちっていうのは。十両だってお前、大金じゃねえかよ。じゃあ十五でどうだい？……ダメかあ。十六、七、なんだか身投げを値切ってるみてえだな……よう、お前さ、俺がここからいなくなったらホントに大川に身投げるのかい？　俺がいなくなったらお前、死ぬのかい？……あーあっ、つかねえときはつかねえもんだねえ。おう（懐からさいふを取り出し）ここに五十両あるよ。なっ、ほれ、やるから持って行きね！」

文七「とんでもありません。そんな見ず知らずの方から五十両なんて大金、頂戴するわけには」

長兵衛「まあいいから、持って行きなよ！　その代わり、ま、恩着せがましいこと言うわけじゃねえがよ、この五十両、俺の金で俺の金じゃねえんだよ。いや！　悪いことした金じゃねえぜ。俺、恥話すようだけどよ、博打に夢中になっちまってさ、気がついたら五十両って山の借金さ、ハハハハハ。娘がいてな、十七になるんだ、お久ってんだ。この娘がね、吉原の佐野槌って店に身を売って拵えてくれた、この五十両さ。うん、そこの女将さんがいい女将さんでよ、来年の大晦日までに五十両返しゃ娘は店え出さねえってさ。こんなこと、お前に言うのはなんだが、ああいう里だ、店へ出りゃどんな男とも一つ寝しなくちゃならねえ。中にはよ、妙な病持った男とも一つ寝しなくちゃならねえ。だからよ、この五十両、お前にやる、その代わりに、恩着せがましいこと言うわけじゃねえけど、お前んところのお店の、土間の隅でも台所でも憚《はばか》りでもどこでもいいよ。お不動様でも金毘羅様でもなんでもいい。今年十七になる、お久ってえ娘に妙な病がつきませんようにって毎朝手合わせてくれな、な。さ、持ってけよ！」

文七「とんでもありません。そんな大切なお金、いただくわけには」

長兵衛「んなこと言うな、お前。出したもの今更引っ込めるわけにもいかねえんだ、なっ！　持ってきなよ。よう、いいから持ってけよおう。出したもの今更引っ込めるわけにいかねえんだよ。よお、持ってけ。（財布をしっかり握りしめ）俺だってやりたかねえよ……俺だってやりたかねえよ！　だけど、お前はなんだろう、この五十両がなきゃ死ぬんだろう。うちの娘はな、この五十両はなくても死ぬことはねえ。生きてはいけるんだな。な、いいから持ってけ。いいから持っていけって」

文七「いえ、頂くわけには」

長兵衛「持っていけ」（財布を文七に叩きつけるようにして、逃げるようにその場を去る）

文七「痛い！（落ちた財布を拾い上げ）言い出した手前、引っ込みがつかなくなっちまう。あんな女の着物なんぞ着てて五十両なんて金持ってるわけないじゃないか。チクショウ、こんなもの！（財布の重さに気がつき中を見ると五十両！　財布を押し頂き店へ帰る）

文七「（トントン）遅うなりました（トントン）文七でございます（トントン）ここをお開け下さい」（戸を叩きながら）

卯兵衛「おい、番頭さん、表を誰か叩くよ。文七が帰ってきたんじゃないか？　開けてやっておくれ」

卯兵衛「あ、文七」

文七「旦さま、遅うなりました。水戸様から五十両のお掛け、頂戴して参りました」

卯兵衛「えっ～お前、お屋敷から本当に五十両頂戴して来たのかい？　番頭さん、どうなってるんだ。こんな、こんな小僧にお前、五十両なんてお金が何で右から左に。番頭さん、お前さんの監督がよくないんじゃないか？」

番頭「ただいま。文七、ちょっとこっちおいで。お前、本当にお屋敷から五十両頂戴してきたのかい？　おかしいよ、お前。小林様と碁打っていたってな。小林様が『店は心配しちゃいないのか』ってお前、小林様に言われて慌ててお屋敷出て来たって。小林様が碁盤をかたした、その下から確かに渡したはずの五十両が出て来たって。お前、さぞ心配してるだろうって、わざわざいま先様から五十両お届け下さったんだよ。お前が後から帰ってきて改めて五十両、併せて百両！　文七、お前、この五十両、どうしたんだ？」

文七「えっ……忘れて……あっ！　はいっ！　忘れて参りました、碁盤の下に、はい！　あああ〜〜〜〜忘れて参りました！　えらいこと致しました！　忘れて参りましたあ〜！　スラれたんじゃございません！　ああ、忘れてきました！　ああ、旦那様、旦様、番頭さん、金毘羅様とお不動様とどちらがご利益がございますか！　十七になる娘が吉原……」

卯兵衛「番頭さん、まあ、まあ、まあ」

卯兵衛「文七、いいから落ち着きなさい、話をしてごらん。どうした？　スラれたと思って大川に身を投げる？　バカ！　なんてことを考えるんだ。お前が死んでどこがどうなるんだ。んなバカなこと考えちゃいけません。うん、吾妻橋の上で、女の着物を着た人が、お前に五十両恵んで下すった？　ああ、そうかい。その方のお名前は？　聞かなかった？　おところは？　おところも聞かなかったのかい？　バカ！　文七、それはお前、大ぬかりですよ。いいかい、自分の命を助けて下すったばかりじゃあない、その五十両なんてお金を恵んでくださった方のおところもお名前も聞かなかったのか？　うん、うん、娘さんが、身を売った……うん……来年の大晦日……ああ、そうかい。そんな大切なお金を見ず知らずのお前さんに、ありがたいことだ。もういい、文七。もういいよ。みんな、（店の小僧たちに）文七帰ってきたよ。心配したな、うんうん。ああ、朝どん心配してたろ、お前が。うん。あ、よかった。文七帰ってきた。さあさ、もういいから寝なさい。いい、文七、お前もいいから寝なさい。はい、おやすみなさい」

卯兵衛「はい、おやすみ」「おやすみ」「おやすみ」（小僧たちそれぞれに）

卯兵衛「番頭さん、あたしは吉原のことはよくわからないが、お前さんに聞いてもわかりゃしないと思うがね。店の者で吉原に詳しいもの？　うん、あ、亀蔵が？　あっそうかい。じゃあ亀蔵呼んでおくれ。あっ、亀、こっち来ておくれ。お前、吉原の佐野槌って店を知ってるかい？」

亀蔵「あ、あれですか（得意げに）。あれはね、角海老の角を右に曲がりましてね、それが三軒目。あっ、知りません」

卯兵衛「何を言ってる。お前が夜な夜な抜け出してることは心得てる。また日を改めて、ゆっくりと小言を言ってあげる。まあまあ、はいはい、おやすみ。番頭さん……」

二言三言耳打ちを致しまして、あくる日、番頭は朝早くに出かけました。昼過ぎに帰って参りまして、

番頭「旦様、行ってまいりました」

卯兵衛「そうかい、ご苦労様。文七、ついておいで」

と、二人は吾妻橋の橋の上へやって参りまして。

卯兵衛「なあ、文七。お前は昨日ここからこの大川へ身を投げようと思った。いま見てどう思う？」

文七「はい、ふうう、大層深そうでございます」

卯兵衛「深そうなんてもんじゃありませんよ。ここへ身を投げたらとても助からない。あそこにね、小西って造り酒屋があります。あそこで角樽を一つお借りしましょう。それと、ん、酒の切手を三升ばかり求めていきましょう。

ごめんくださいまし。はい、えー角樽を一つ拝借をさせていただきます。持っていく先は、えー、左官の長兵衛親方のお宅でございます。それとお酒の切手を三升ばかり、これを頂戴いたしますんで。恐れ入ります。その長兵衛親方のお宅は？」

酒屋「ええ。アハハ。長兵衛さんのうちですか。いや、長兵衛さんとこはね、わけありゃせんや、そこにほら、あの煙草屋ありましょう。ええ、煙草屋の角をね、右に曲がっていただいてね三軒目。ああ、もうね、煙草屋の角まで行きゃあ分わかりますよ。なんだか知らねえけどね、夜っぴて夫婦喧嘩してるってえから。その夫婦喧嘩してるうちが長兵衛さんとこだから」

（本所達磨横丁の長兵衛宅）

長兵衛「だからやったんだって言ってる！」

お兼「だからさ、どこの誰にやった？」

長兵衛　「じれってえ野郎だな、お前は！　いいかい、人の命助けてな、金恵んでやるのに、お前さんは一体どこの誰ですかって、いちいち名前え聞いて助けてやるバカアどこにあんだよ！」

お兼　「お前さんさ、一両やそこらの金じゃないよ。五十両だよ。五十両なんてお金を恵んでやるのに、ところも名前も聞かずに恵んでやるなんてそんなバカなヤツがこの世の中に」

長兵衛　「(自分を指差し)いるからしょうがねえだろう！　だからあ、やったんだって」

お兼　「だから、どこの？」

長兵衛　「だから、吾妻橋の橋の上で身を投げようって、わっ、だ、だから少し寝ようよ、な。一度寝てさ。で、またやり直そう」

お兼　「お前さん、お久が身を売ってくれたお金まで、博打に……」

長兵衛　「バカ言うな、コンチクショウ！　お久、お久は俺の前で身を売ったんだ。それをバク！……だから、やったんだって！」

お兼　「だから、どこの誰に？」

長兵衛　「だから、少し寝ようよ」

卯兵衛　「ごめん下さいまし、ごめん下さいまし」

長兵衛　「へい、あ、開けちゃいけない、ちょいと待ってくれい。おい、誰か来たい。お前腰巻き一つなんだ。そんなとこいちゃいけねぇ。お前ちょっと屛風のうしろ隠れてろい。頭が出てる頭！　頭引っ込めろ。ケツが出てるケツ！　頭が出てる、ケツが出てるよ。不器用な体してやがる、俺がよしっていうまで顔出すんじゃねぇぞ。おう、いいよ、開けてくんねい、勝負っ！」

卯兵衛「あ、これどうも恐れいります。ごめんくださいまし。あ、どうも、左官の長兵衛親方のお宅はこちら様で」

長兵衛「ええ、左官の長兵衛、うちかたでございますが、えーどうもお見それ致しました。どちら様で？」

卯兵衛「わたしは横山町三丁目で鼈甲問屋を商っております、近江屋卯兵衛と申します」

長兵衛「あーあ左様でございやすか。へい、お出入りではございませんが。いや、しかし旦那、何かのお間違いでございましょう、この長屋でもって頭に鼈甲を乗せるようなそんな女は一人もおりませんよ。うちのカカアなんざね、簪《かんざし》の代わりに割り箸スッ通しているようなもんですから。何かのお間違いで」

卯兵衛「いえ、間違いではございませんで。親方にちょっと見て頂きたい若者がございますがな」

長兵衛「ええ？　だあれ」

卯兵衛「親方、この者に見覚えはございませんか？」

長兵衛「へい、だれ？　この若い衆、へ～え、こ、これ、へええ（文七をよく見て気がつき）あああああっ〜！　おい、お前お前ちょっと俺の顔よ〜く見てくれ！　俺の顔、ほら俺の顔、俺、俺、俺よ、俺昨日よ、お前に吾妻橋の橋の上で五十両やったよな、な。お、お、お思い出してくれよ、俺の顔。おめ、俺、俺よ、吾妻橋の橋の上でよ、五十両、ほらこれ、これ（着ている着物の袖を見せ）これこれ、よ、よ、おれ、お前に！　五十両！　やったよな!!」

文七「はい！　ありがとう存じました!!」

長兵衛「やったよなあ。（お兼に聞こえるように）ざまあ〜見ろ。だ、誰もいねえ、誰、誰もいねえけどよ、やったよな」

卯兵衛「ありがとう存じます。一命を助けていただいたばかりではございません。大切な大切な五十両をお恵みをいただきましてありがとう存じました。親方、恥をお話申し上げます。実は、あの五十両スラれたんではございませんで、この者が先様に忘れてきたんでございますよ」

長兵衛「へえ？　スラれたんじゃねえ〜の？　忘れてきたの〜？　冗談じゃね〜よ、おい。俺はそのことでもってゆんべから一眠りもしてねえんだから、えっ！　忘れてきたのか？　スラれたんじゃねえのか？　そうかい、よかったなあ。ハハハ、忘れてきたのか。ほうら見ろ、死ななくてよかったじゃね〜か。ハハハ、そうかい、忘れてきたのか。よかった、よかった。え、旦那、アッチがこんなこと言うのは筋違いでござんすが、この小僧さんには、五十両て金はまだまだ早えかもしれませんね」

卯兵衛「お言葉通りでございます。誠にありがとう存じました。一命を助けていただきまして、その上に大切な五十両お恵みをいただきました。こんち、この五十両お返しに上がりました。どうぞお納めを下さいまして」

長兵衛「冗談いっちゃいけねえよ。引っ込めといて引っ込めといてよ。今更返してもらおうなんて思わねえな。うるせえな（と屛風後ろのお兼に）。いや、こっちの懐はそっちの懐に入った金だよ。冗談じゃねえ。今更返してもらうなんて」

卯兵衛「いえ、とんでもございません。親方の」

長兵衛「いや、こっちも江戸っ子だい。冗談じゃねえや。おい、渡した金、今更。うるせえなこの野郎（屛風後ろのお兼に小声で囁き続け）。…………。わかったよ、いただくよ。そうっすか、えへへ、じゃあこりゃあ頂戴します。実はね、この五十両がねえと今度はこっちが大川へ飛び込むようなことになっちゃうんでござんす」

卯兵衛「とんでもない事でございます。え、それと大層お酒がお好きということで、角樽を一つ持参を致しました。それとお酒の切手を三升。これはお金の出ました身祝いでございます。どうぞお収め下さい」

長兵衛「あ〜〜左様でやすか、金が出た祝い？　じゃあ、これはま一つお辞儀なしで頂戴しやしようか。へい、ご馳走さまでございやす」

卯兵衛「それから、お肴でございますが」

長兵衛「あ、冗談言っちゃいけねえや。こっちは肴あらさねえのが自慢ですから。塩で五合いっちまうんですから」

卯兵衛「いえ、あいにくとシケでございましてな。いいお肴があればよろしいんでございますが、そうもまいりません。（ポンポンと手を叩く）駕籠屋さん！」

駕籠屋「へい！」

という威勢いい返事とともに「えっほ、えっほ」、真新しい駕籠が長兵衛の家の前でピタリと止まります。駕籠屋がポンと垂れを跳ねのけます。中から出て来ましたのが昨日とは打って変わって着飾ったお久が、

お久「おとっつぁん、おっかさん、あたし、このおじさまに身請けをしていただいたの」

と、出てきましたから、さっきから出たくてウズウズしていた女房のお兼が「お久あ〜っつ」ってんでスッポンポンのまま飛び出して「あらあ」なんてんで前を隠したところが後の祭り。どうぞこれからは親類同様にお付き合いをと、この文七とお久が、やがて夫婦になりまして麴町貝坂で元結屋を始めましたところが、「文七元結」と後世まで名を残したと申します。文七元結由来のお話でございました。

第4章

「笑い」を変える

誰も登ったことのない山への挑戦

うちの師匠、五代目柳家小さんから芸は「守・破・離」だと言われたことは、前の章で申し上げました。「守」は師匠から教わった芸、土台ですね。古今亭志ん朝師匠、兄弟子の七代目立川談志師匠、十代目柳家小三治師匠らのように、先輩たちから教わった土台を破る境地に達するのが「破」。その破ったところから、さらに突き抜けて自分の芸を築くのが「離」です。

近世、歴史に名を残した師匠方は、みな「離」を成し遂げたと思います。「離」まで到達するのは、並大抵のことではありません。落とし噺、人情噺に自分なりに取り組んできましたが、「離」は千里の道を行くが如《ごと》し。千里よりもっと遠いかもしれない。「離」を求めてさまよう道中で、新作という宿場に身を置いてみたり……。でも、どうすることが、「離」の境地へ続く道なのか、私にはまだまだわかりません。

古典落語というものは100年、200年の歴史をかけて、噺家の皆さんがいろいろと工夫をこらして作り上げられてきたものです。一方、新作は当たり前と言えば当たり前ですが、時代を問わず誰かが「これが新作です」と発表すれば、それで完成となります。

つまり、新作を創っている人たちはみんなそうですが、ゼロからのスタートですから、見本がない。お手本もない。先行するものがないところから、作品を創り上げていくというのは非常面白い、魅力ある仕事です。だから、新作をやりたくなる人の気持ちはとてもよくわかります。

私の新作は、もともとは三遊亭圓丈《えんじょう》師匠（1944~2021）と始めたものです。いや「始めた」というより、圓丈師匠が創った「稲葉さんの大冒険」という新作で、私を「いじってもらった」というのが正確なところです。

私も圓丈師匠に触発されて、自分で新作を創ってみたことがあります。次の章でちらっとご紹介しますが、「三つの願い」という、なんだか歌謡曲のタイトルみたいな題の噺を創ってみました。

ただ正直、ダメですね。落とし噺にしたかったのですが、落とし噺にはならなかった。人情噺のほうが創りやすかったので、どうしてもそれっぽい方向へと流れて行ってしまう……。その点、弟子の喬太郎《きょうたろう》や、圓丈師匠たちが創る新作落語はよくそんな発想ができるなあと感心するぐらい斬新で面白い。彼らは素晴らしい才能を持っていると思います。

コメディと落語に相通じるもの

自力で新作を創るのは無理と思っていた私が力を借り、そして今も借り続けているのが黒田絵美子《くろだえみこ》さんです。黒田さんは中央大学の先生ですから、「黒田先生」とお呼びしていますが、もう四半世紀、色々な芝居や新作を創っていただいたり、私の会を応援してくれる仲間たちにも交じってくださっているので、ニックネームの「エミリー」と呼んでみたり。なんか頼みたいときだけ急に「黒田先生」とお呼びしたり……。いまだに呼び方が定まっておりませんが、本書ではやはり新作落語の作家として「黒田先生」とお呼びします。

黒田先生はアメリカ演劇の研究者であり、劇団ＮＬＴにも所属してたくさんの戯曲を翻訳されていますが、コメディの翻訳が圧倒的に多いそうです。私が初めて黒田先生の翻訳作品を拝見したのは、アメリカを代表するコメディ作家、ニール・サイモンの『フールズ』という作品でした。村の人全員が「バカ」という設定。演出が東京ボードヴィルショーの石井愃一《いしいけんいち》さんで、とても面白い芝居でした。

黒田先生は他にも黒柳徹子《くろやなぎてつこ》さん主演の『ルーマーズ』など、ニール・サイモンの作品を多数訳されています。劇団ＮＬＴが長年上演してきた『毒薬と老嬢』は、黒田先生がまだ20代のときにお訳しになったとか。賀原夏子《かはらなつこ》さんと北林谷栄《きたばやしたにえ》さんが主演をなさったこのコメディは、今もまだ主演をさまざまな女優さんに変えて上演され続けています。

コメディには、ただ腹を抱えて笑うドタバタ劇もあれば、ニール・サイモンの作品がそうですが、笑いのなかにペーソスっていうんでしょうか。ちょっと物悲しかったり、切なかったり、そんな人間の機微が込められた作品も多いですよね。そんなところが、また落語に似ているなあと思います。

黒田先生との出会いは、まさに「縁は異なもの味なもの」を地で行くものでした。三好美智子《みよしみちこ》さんという女優さんがいらっしゃいます。多くの作品を手がけた脚本家、劇作家で落語の研究家でもあった、亡くなられた榎本滋民《えのもとしげたみ》先生が作られたお芝居に私が出たときに、その三好美智子さんと知り合いになりました。

そして、今から25年以上前の1998（平成10）年1月、その三好さんから、彼女が主演の芝居『白いカラス』に登場する端役《はやく》をやってみませんかって誘われたのです。ちなみにその端役とは、宗教団体みたいなところに出入りしてグッズを売る、詐欺グループの布団屋という魅力的な役柄でした（笑）。

実は、この作品の脚本、演出を手がけた方こそが黒田先生だったのです。しかも、これは先生の創作劇デビュー作品。「こういう人がいますけど」と三好さんに黒田先生をご紹介いただいたのが、初めての出会いでした。三好さんとご一緒したとき以外にも、私は榎本滋民先生のお芝居によく出させていただいていたので、三好さんも私に声をかけてくれたのだと思います。

『白いカラス』は、テーマとしては、まさに1995（平成7）年に起きたオウム真理教事件が社会問題になった影響がいまだ冷めやらぬ時期のことでしたから、自己啓発セミナーを舞台に時事問題をからめて、「信じるっていうことは、どういうことなんだろう？」という問いを投げかけるものでした。ただし、シリアスなドラマではなく、あくまでコメディです。

その後、黒田先生と再会となったのが、同年12月のこと。早い再会でした。

六本木にあったストライプハウス美術館（現・ストライプハウスギャラリー）で行われた、デボラ・アン・ディスノーさんというアメリカ人の演出、黒田先生が脚本という、展覧会と芝居を兼ねた展覧芝居『天使の庭』でのことでした。

今度の役柄は失語症の八百屋です。「キュウリは、なぜキュウリというのか？」、「ナスではいけないのか？」という悩みを持つキャラクターの役でした（笑）。

このように1年のうちに1月と12月の二度にわたり、黒田先生の創作デビュー作と2作目に出させていただいたのです。

「創る喜び」を分かち合うのが大事

それから丸1年後の1999（平成11）年、喬太郎が真打ちになる前に一門みんなで何かやってみようという話になりました。一門で芝居をやったら、落語の勉強にもなると思いまして。そのとき私は黒田先生にご協力いただけないかと、お願いしたのです。こうして出来上がったのが『サクラガサイタ』というお芝居でした。

一緒に舞台に上がったのは、喬太郎、左龍《さりゅう》、それから喬之助《きょうのすけ》と入ったたばかりの喬《きょう》志郎《しろう》です。当時、一門のメンバーは、この4人でした。

それまで出演させていただいた前述の2作の黒田作品は、笑いをからめながらも人間の心理を追求したオーソドックスな芝居でした。ところが、この『サクラガサイタ』は、非常に落語チックな芝居だったのです。おそらく、演者が全員噺家だから、意識してそうしたストーリーにしてくださったのでしょう。

私は桜タクシーという会社の社長、左龍（当時はまだ小太郎）、喬之助がそこの運転手、

『サクラガサイタ』のポスター。

喬志郎（当時は喬四郎だったか、まだ本名だったか）は事務所の電話番。ある事件が発生、といっても大したことはない、近所のおばあさんが何者かに突き飛ばされて転んだ。この事件の担当刑事が喬太郎です。

刑事がタクシー会社にやってきて、二人の運転手にそれぞれ昨夜のアリバイを聞いたところ、一人は山から親子で下りて来て親とはぐれた子狸を山までタクシーで送ったと言い、もう一人は地上げ屋によって立ち退きになった道路に祀られていたお地蔵さんが、住民を困らせないために自らタクシーに乗って移動するのを手伝ったと。そんな話でした。

私はというと、ちょっと悲しい過去を持つ男です。昔、外国船の機関長だったのが、船が難破して行方知れずとなり、無事に戻ってみると、妻はすでに他の男と結婚していた。幼い娘もその男に懐いている様子を窓の外から見て、そっと身を引く。

ところが、その娘が昨夜に起きた老婆転倒事件の目撃者としてやってきます。八重子という名のその娘役は、喬太郎が二役でやりました。拒食症と言いながら腹を膨らませる喬太郎の滑稽な姿。そう言えば、あのとき、喬太郎が履いたヒョウ柄のスカー

上、前座時代の喬太郎（左）。
下、喬太郎（左から2番目）の真打ち昇進披露興行の様子。
小さん師匠と親子三代のそろい踏みがうれしかった。

トは私が縫ってやったものでした。それに、喬之助の狸の着ぐるみも、私が夜なべして作ったのです。

不良になった八重子は、自分は実の父親に捨てられたと思って世をすねていました。しかし、その父親（私）から真実を聞かされて、父と娘が感動の再会と和解を果たし、幕切れにはハラハラと桜の花びらが舞う。そんな芝居でした。

私は黒田作のこの芝居がとても楽しくて、「あれ？　この人、落語も書けそうだな」と思いました。そこで、2000（平成12）年に、初めて「落語を書いてもらえますか」と、お願いしたのです。それで書いていただいたのが「干しガキの恋」と「くわばら」という新作落語でした。

作家であり、お芝居の演出までなさっている大学の先生に、新作落語を書いていただくようお願いするにあたって、なぜか私には抵抗感みたいなものがありませんでした。お芝居で何度もご一緒して、人間的な部分、つまり「この人って、人を笑わせたり感動させたりする作品を創ることに、これだけ真摯《しんし》になれる人なんだ」というのがわかっていましたから。

しかも、偉ぶらない。「これは私の作品だ」といったような尊大なそぶりなどみじんも見せず、みんなで創っていきましょうよという姿勢が、ありありと伝わってきました。ご自身の言葉を借りれば、「創る喜びがある」ことを一番重視しているのが黒田先生だったのです。

しかも、ここだけの話、いつも手弁当です。せめてもと、芝居終わりに「じゃあ、帰りにお蕎麦でもご馳走しましょう」って一門みんなでワアッと食べて、飲んで終わり。それでも黒田先生は「私も楽しいので」とおっしゃってくださる。懐にもありがたい限りです（笑）。

その後、うちの弟子に『六本木ブラザーズ』という芝居を書いて稽古もつけてもらったり、喬志郎と三好美智子さんで『竹取物語』の朗読芝居をやるときの台本・演出も担当していただいたり、何かにつけてご助力をいただいてきました。

そんな関係で、うちの一門では、なんだか芝居みたいなことをやるのが定番になっており、一門会でも弟子たちが自分たちで茶番がかったことをやりたがります。また、それをご覧になった博多の落語会のプロデューサーから、「うちでも是非一門会をやっていただきたい」というご依頼があったので、総勢14人で博多へうかがいました。

ただ、そういうことをしているとたまに思うことがあります。

「俺は、なんで夜なべしてまで弟子のために衣裳を縫ったり、小道具を作ったりしているんだろう?」と。弟子に言わせればきっと「師匠はそういうのが好きだから」、「好きでやってる」となるんでしょうが(笑)。

小さんの「笠碁」をめぐる事件

黒田先生との出会いがあったおかげで、私だけでなく一門の弟子たちも芝居をやりたがる体質になったことは否めません。

一方、黒田先生に新作落語をお願いした当初は、先生自身が後でお書きになっている文章にもあります通り、落語というものの構造に馴染みがなく、とても長い説明から始まる台本をちょうだいして、「いや、これだと落語になりません」とダメ出しさせていただきました。ただ、いったんコツをつかんだら、書くわ書くわ、次々に新作を提供してくださるようになり、今では、ご通家《つうか》のあいだでは、「さん喬の新作と言えば黒田さん作でしょ」と言われるほどになりました。

落語にお詳しくなかった黒田先生に、うちの師匠の噺を聴いていただきたいなと思って、紀伊國屋寄席にお招きしました。そこで、事件が起こりました。

2001（平成13）年の冬、東京新宿の紀伊國屋書店のホールで開かれている紀伊國屋寄席でのこと。うちの師匠が「笠碁《かさご》」をかけました。

ご承知の方もいらっしゃるでしょうが、「笠碁」は、碁をめぐりケンカが絶えないながらも、固い友情で通じ合っている親友同士の気持ちの機微を鮮やかに描いた名作です。小さん師匠の代表作の一つでもあります。

さて落語会の当日、師匠は順調にサゲまで到達しました。本来なら噺はここで終わりです。ところが、師匠はそのまま碁を打ち続けたのです。

碁を打つという場面が同じこともあり、「笠碁」から「碁泥《ごどろ》」へと入り込んでしまったことに、舞台袖で観ていた私は気づきました。舞台上の師匠は、何もしゃべらずに碁を打つばかりでしたが、やがて、どうやら間違っていることに気づいたようです。ところが、気づいたものの、それをどう収拾すればいいのかわからず、困惑しているように私の目には映りました。

「あれ!? 師匠が困ってる!」

そう思った私は、困っている師匠を助けるつもりで、すぐさま前座に、こう命令しました。

「緞帳を下ろせ! 俺が責任取るから!」

楽屋中も状況がわかっておりますので、すぐに緞帳は下り始め、追い出し（お客様がお帰りになるときに打つ太鼓）が打たれると、師匠はこう言ったのです。

「幕を上げろ!」

さらに続けて、

「さん喬いるか!」

と、私の名前を呼びます。当時、師匠の噺が終わるまで会場にいないこともありましたが、ご高齢の師匠に万が一のことがあったらという若干の心配と、名人芸をたっぷりと味わいたいという想いで、私はホールに残っていたのです。

ただ、師匠に名前を呼ばれたとき、「しまった！　余計なことをしてしまった！」と思いました。師匠がいる舞台に弟子が呼び出されるなんて、まずあり得ないことです。私は覚悟を決めて、普段着のまま、忘れもしないホワイトジーンズにピンクのシャツ姿で、高座の師匠の元へと向かいました。

すると、師匠が私に言いました。

「サゲを間違えたかな？」

「いえ。師匠は、サゲは間違えておいでになりません。『かぶり笠、取らねえじゃねえか』っておっしゃいました」

「そうか」

そこで、私はお客様に向けて、ちょっと言い訳じみた説明をしました。

「今日は小さん師匠は、ご自身が若いころに体験された二・二六事件の取材があってお疲れでしたし、あんまり戦争のことを思い出したくないお気持ちでもありました。

戦友も亡くなっていますから」

と、こんなこと言いつつ、私はその場を取りつくろうために「何かご質問はありませんか？」とお客様に問いかけました。

ところが、質問は出てきません。そこで、私はこれで締めようと思いました。すると、師匠は再びしゃべりだしたのです。

「この噺は……」と、「笠碁」について自分が誰に教わって、どういうような噺だということなどなど。そして、ひとくだり終わった師匠は、最後にこう言いました。

「よろしいでしょうか？　今日はこれで」

それで私は「追い出しを打て」と。

こうして、どうにか終演を迎えた後、私は師匠が車でお帰りになるところまで、お見送りをしました。車に乗り込むとき、師匠が振り返って、私にこう言ってくれたのです。

「さん喬、ありがとよ」

「笠碁」のサゲを言った後も碁を打っていた師匠を見て、私は「どうしちゃったんだろう、うちの師匠は……」と本気で心配しました。悲しい気持ちでした。

でも、「さん喬、ありがとよ」のひと言で、緊張の糸が一気にほどけて、気づいたら涙が頬を伝っていたました。

絶え間なく変化していく「古典」

さて、なぜ急にこんな師匠の昔話をしたのか。

先ほどお伝えしたように、黒田先生もあの日、紀伊國屋ホールにいて、うちの師匠の一連の行動を目撃していたのです。

私にとっては師匠の一大事だったあの一件について、黒田先生はこのように述べています。

「私は『笠碁』のサゲを知りませんでしたから『おお、演劇的だなぁ』と思いながら見ていました。だって、喧嘩して仲直りした二人が久々に会ったんですもの。かぶり笠の雨のしずくなんてどうでもいいでしょ。碁に夢中になって当然でしょう」

さらに、黒田先生は深い洞察を加えます。

「落語ですからサゲは言わなきゃいけないのはわかります。でも、『仲直りできてよかったね』っていうエンディングのほうがドラマとしては自然です」

当時の批評などでは、「小さん師も衰えた。サゲを忘れて舞台脇からさん喬を呼んだ」というようなものもありました。たしかに、落語の常識からすると失敗だったのでしょう。

繰り返しになりますが、紀伊國屋ホールでの師匠の姿は、私の落語の人生のなかでも非常にショッキングな出来事でした。ところが黒田先生は、私とはまったく違う尺度から、「あれは芝居としては素晴らしいエンディングだ」と見ていたのです。

たしかに映画ならば、碁を打ち続けるシーンのまま、スーッと画面がフェードアウトしていき、碁が好きな年寄り二人の感情の余韻が伝わってくるという演出もあったことでしょう。

ただ、そのとき私は、そういうことにはまったく気づきませんでした。演劇的に見ると果たして本当に失敗だったのかどうか……。あの日の小さん師匠の終わり方は、名人だからこそ到達できた域なのか……。本当のところは小さん師匠に聞いていないので、わかりませんが、私は後者を取りたいです。

その後、2014（平成26）年、黒田先生は文学座の俳優で演出家でもある坂口芳貞《さかぐちよしさだ》さんと「憎さも憎し、なつかしし」という芝居を創られ、私も弟子の㐂三郎《きさぶろう》とともに出演しました。これが、実は小さん師匠の「笠碁」の影響で生まれた作品だったのです。黒田先生は語ります。

「落語のお決まりのサゲはなく、碁仲間の二人が『町内で友だちはお前さんとあたしだけになっちゃったね』という終わりにしたいと思いました」

ちなみに私自身が高座でかける「笠碁」も、10年以上前から黒田先生がお書きになった終わり方にしています。

このように、古典に分類される作品も、常に人の手によって、あるいは時代の移り変わりに応じて、絶えず変化しているのです。

さん喬落語③

あらすじ

寝てばかりで働きもしない八五郎。金も質草もないので家にあったヘチマを売りに行くと、なんと乾屋千兵衛という店が二十文でヘチマを買ってくれた。ところが八五郎は、その二十文で少々難ありと書かれた「干しガキ」を買ってしまう……。

さん喬のポイント

前半は「干しガキ」がお湯で戻るという奇想天外な笑い噺ですが、後半は人への愛しみがテーマになって展開していきます。私はこの噺が好きです、主人公の新太郎は人に対して屈託なく接して誰に対しても邪気や疑いを持たない、この純粋な心に、やがて周りの人々もおおらかな心を持っていく。その新太郎への両親の愛情も大きな眼目だと思い、常に子どものことを大切に考える両親の心を大事にして演じています。

お玉　「ちょいとお前さん、掃除の邪魔だよ。そこ、どいとくれよ。たまには起き上がったらどうだね。そんなに始終ゴロゴロ横んなってちゃ、身体に毒だよ。ここんとこ、もう三月《みつき》も縦になってないじゃないか。立ち上がるのは、憚り行くときだけ。それだって、無精してギリギリまで這って行きゃがって。帰ってくりゃ、『ああ、疲れた』って、またそのまま横んなっちまってさあ。今にねえ、そこの畳がすり減って……ああ、ほら、もうそこんとこ、すり減ってる。お前さん、床下へ落っこっちまうよ。落っこったって、お前さんのこった、立ち上がらずに床下で寝てら。そうなったらね、あたしゃ、お前さん引っ張り上げないよ。ついでのことだから、上から土でもかけてやらぁ。そうすりゃ、墓ぁ立てずに済む。『働いてくれ』なんてこたぁ言わないよ。どうせロクな稼ぎも出来ないんだから。だけど、お前さん、そんなに寝てばっかりじゃ、身体壊しちまうだろう。ねっ、ほら、早く起きて」

八五郎　「うるせぇなあ。お前はね、当てつけがましいんだよ。この狭い家ん中、朝から晩までバタバタバタバタわざとらしく行ったり来たりしやがって。『ああ、大変だぁ大変だぁ、雨が降ってきた』、『洗濯もんが乾かない』。日が照りゃ照ったで、『まぁ、こんなに晴れたんじゃ、埃《ほこり》っぽくてしょうがない。いがらっぽくてしょうがない』って、のべつ文句ばっかり言ってんだろ。お前もねぇ、たまにゃ、一緒に横になってごらん。世の中が違って見えるから。(間) おい、それより、腹減った。今、何どきだ？　掃除なんぞしてねえで、飯の支度しろ、飯の支度を」

お玉　「なに言ってんだよ、お米がないよ」
八五郎　「なきゃ買って来りゃいいじゃねぇか」
お玉　「お金がないよ」
八五郎　「ねえこたぁねえだろう。第一、金がなきゃ、質屋へ行きゃいいだろう。質に入れるもんはいくらだってあんだから」
お玉　「何バカなこと言ってんだい。呆れて開いた口が塞がらないよ。お前さんはねぇ、そうやって寝てばっかりいるから分かんないんだよ。たまにゃ、縦んなって家ん中、見てごらん。何にもないんだから」
八五郎　「何言ってんだよ。何にもねえこたぁねえだろう。簞笥《たんす》開けりゃあ、何か……」
お玉　「ないよ！　ほら、起きて見てみやがれってんだ。みんな質に入っちゃって、部屋ん中、ガランとしてんだから。後はもうね、質に入れるったって、お前さんぐらいだよ。だけど、お前さんなんか質草に取ってくれやしないよ。でもね、もしお前さんを質に取ってくれたらね、あたしぁ、お前を必ず流してやるから、そのつもりでいやがれ！」
八五郎　「まったく、かかあが亭主に向かって、『そのつもりでいやがれ！』。やだやだ。女っての は口ばっかり達者で、いざとなりゃ、こうやって一家の主が、（身体を起こしながら）動かねぇと……（辺りを見回して）あれっ？　ここ俺んち？　何もねえじゃねえか！　あれだけ色々あったの……泥棒に取られた？　えっ？　ここ、空き家？」

お玉「何、とぼけたこと言ってんだい。だから、みんな質に入れちまったって、さっきっからそう言ってんだろ。こんなとこへ入る間抜けな泥棒がいるもんか」

八五郎「あすこにあった箪笥はどうした？　桐の箪笥は？」

お玉「もうとっくに質で流れちまってるよ。あの箪笥はねぇ、家のおとつぁんがあたしが所帯持った祝いにって、奮発して買ってくれたんだ。（涙声で）おとっつぁんがあたしにって、買ってくれたんだ。それを所帯持ってひと月もしないうちに、おまえさん、中身ごとみんな質に入れちゃったんじゃないかあ（泣く）」

八五郎「誰が？　俺が？　ひでえことしやがんなぁ……」

お玉「何言ってんだい。もう、ほんとにどうすんだよ！」

八五郎「どうするったって、しょうがねぇやな。何かあんだろう、売るもんが」

お玉「何もないよ！」

八五郎「何もねぇって……（見回す）探してみりゃ、何か……（見つけて）おう、お玉、こりゃ、何でぇ？」

お玉「えっ、ああ。ヘチマ」

八五郎「ヘチマ？」

さん喬落語③『干しガキ』

お玉「去年さぁ、長屋の垣根んとこにへチマが沢山生ったってんで、長屋のおかみさん連中が、井戸端で種抜いてさ、一本っつもらって、あたしもお湯屋さんへ行くとき使おうと思ったけど。お湯へ行く金もないから、そのまんま、そこに置き忘れてたんだ」
八五郎「これでも売って来るか?」
お玉「へチマなんぞ買ってくれる人、いやしないよ」
八五郎「やってみなきゃわかんねぇだろ。これだって、(ふうっと息を吹きかける)埃はたきゃあ、まだ新品だ、使ってねえんだから」
お玉「どうせ売れやしないけど、まあ、お前さんがそうやって三月ぶりに立ち上がって、へチマ売ろうなんて気になってくれたんだ。ダメ元だ。じゃ、行ってきとくれ」
八五郎「お前ねぇ、一家の主がへチマを持って、いざ敵地へ乗り込もうって時に『ダメ元』って言いぐさはねぇだろ」
お玉「何、訳のわかんないこと言ってんだか。まあ、立ち上がったついでだ。気をつけて行っといで。久々に外歩くんだから、転ぶんじゃないよ!」
八五郎「あいよ。口の減らねぇカカァだ。(外へ出て)おお、寒い。寒いなあぁ、木枯らしだ。もう冬か。そうだな、三月もゴロゴロしてりゃあ、季節も変わらぁな。おお、寒い。しかし、このへチマどうやって売ろう。カカァには勇ましいこと言って出てきたけど。こんなみすぼらしいなりで、ヘチマ一本持って街ん中うろついててもなあ。誰か買っつくんねえかな。（通行人に）あの、へ、ヘチマー。なんでみんな逃げてくんだろ。（通行人に）旦那、ヘチマ、姐さん、ヘッ……売れねえもんだね。ああ、腹減った。ヘチマ一本持って寒空に行き倒れなんてなあ。（通行人に）えっと、あの、ヘチマは……難しいもんだな、もの売るってのは」

店の小僧「ありがとう存じました！」

八五郎「ああ、驚いた。ああ、客を送り出したんだ。元気のいい小僧だね。何だ？　この店は？ええと、『よろず乾物商申上候　乾屋《ほしや》千兵衛』。へえ。ああ、ここか、日本中の乾き物扱ってるって店は。へえ、八王子にもこんな店があるんだな。（考えて）待てよ、ヘチマも乾物だよな。買っつくれるかなあ。ヘチマなんぞ買ってくれるわけねぇか。だけど、カカァが言ってたな、『ダメで元々』だって。行ってみるか。だけどなあ、売れねぇよなあ、売れるわけねぇよ、こんなヘチマなんぞ買っつくれるわけねぇもん。でも、万が一、売れるかもしれねぇしな、やっぱり無理かなあ。ああ、戸を開けちゃった」

番頭「いらっしゃいまし！　何かお求めでございますか？」

八五郎「えっ、いやあ、あのう、お求めじゃねぇんだよね。ちょっと買ってもらいてぇんだけど」

番頭「へえ、お売り物で？」

八五郎「いや、お売り物ってぇほどじゃ（ヘチマを隠すようにする）」

さん喬落語③　**『千しガキ』**

番頭「あっ、そちらのへチマで?」

八五郎「うん、こんなもん、買っちゃあくんねぇよね」

番頭「いいえ、お売りいただけるんでしたら。手前どもの主人はお客様はどんな方も大切にするようにと、私ども奉公人に常々申しております。お買い上げのお客様もお売込みのお客様も、どなた様にもご機嫌よくお帰りいただくようにと」

八五郎「ほんとに? このへチマ、買っつくれんの?」

番頭「へえ、いま大番頭の方に見せましてお引き取りの金額を。(奉公人に)おいおい、こちら、へチマのお売込みだ。これ、大番頭さんに見せてね、うん。幾らぐらいでお引き取りできるか。ただいま、すぐに。どうぞ、そちらへおかけになってお待ちを。あっ、いらっしゃいまし! 毎度、今日は? かつぶしでございますか? 今朝ちょうど土佐からいいものが入りまして。今すぐ荷を開けますので、しばらくそちらへ。おいおい、かつぶしのお客様だよ。急いでな、その荷を。さあ、お見立てをいただきまして、お好きなのを。いらっしゃいませ。はい、干しエビ? 駿河の方からいい干しエビが入っておりますんで、どうぞご覧下さいまし。いらっしゃいまし。あれ、これはまあ、稲毛屋の大旦那様じゃございませんか。なんですね、御用でしたら小僧さんをお使いいただければこちらの方からお屋敷へ伺いましたのに。大旦那様じきじきに」

稲毛屋「いやいや、家の方へ来られるとねえ、ちと困ってしまうことでね」

番頭「はぁ、ご内密のご用向きで」

稲毛屋「いや、内密ということでもないんだが」

番頭「恐れ入ります。あのぅ、ヘチマのお客様、ああ、あなた、ちょっとそちらへ譲っていただいて。どうぞ、稲毛屋の大日那、こちらへおかけいただきまして。へぇ、それで、そのご内密ご内分の御用というのはどのような？」

稲毛屋「あのね、実はね、家の孫娘がな」

番頭「孫娘様」

稲毛屋「大層可愛がっている三毛猫がおってな」

番頭「三毛猫が？　ほうほうほう」

稲毛屋「ところが、この三毛猫がこの四、五日姿をどこかに行方をくらましてな」

番頭「あはは、よくあることでございます。ええ、もう、猫ってのはプイッといなくなって、どこへ行っちまったんだろうと探しあぐんでいるうちに、どっかからスッと帰ってくる。すると、お腹が大きくなってるなんてなことはよくあるもんでございますよ。ええ、ええ。なんでございましょう。その辺でまた遊んで腹でも減ったらじき帰って来るんじゃございませんか」

稲毛屋「いや、それがね、ほうぼう探したがどうしても見つからないんだ。とにかく孫娘はもう自分の命のように可愛がってる三毛猫でな。『三毛はどこだ、三毛はどこへ行ったんだ。三毛が帰るまであたしはご飯は食べない』と、もう大騒ぎで。毎日毎日、目を真っ赤に泣きはらして、家じゅうの者が弱り果てて」

番頭「はぁ左様でございますか。それは難儀なことでございますな。ですがまあ、猫なんてなものは、気が向きゃあ、すぐに帰って参りますよ。そんなこと余りご心配なさらない方がよろしゅうございます。ご心配は及びません。猫なんて連中は、どっかからまたミャアミャア、ニャアニャア……」

稲毛屋「お前さん、ちょっと私にも喋らせておくれ。いぇね、けさ婆やがね、水を汲もうって、井戸を覗いたら、その中にその三毛がね」

番頭「えっ、ハマってしまいましたか？　三毛様、ご臨終。またそれは。ご愁傷様。なんとお悔やみ申し上げればよいか。南無阿弥陀仏南無阿弥陀仏。お気の毒様で。このたびは急なご逝去、お孫様もさぞお悲しみで」

稲毛屋「いや、孫にはとても言えません。そんなこと話をしてごらん。『私も後を追って死ぬんだ』と言いかねませんよ。とはいえ、替え玉の三毛猫を探すとなると、これがなかなか見つからない。そこでだ、番頭さん、お前さんところに三毛猫の干したのはあるかな？」

番頭「はい、ございます」

稲毛屋「あるかい！」

番頭「ええ、特上の三毛猫の干し猫がございます」

稲毛屋「やっぱりあるのかい。ああ、よかった、よかった。いや、お前さんとこにもないと言われたらどうしようかと思った。そうか、やはりあったか。じゃ、その特上を一つ貰って行こう」

番頭「ありがとう存じます。（奉公人に）うん、あの特上の、三毛猫だ。戸棚の上のほう、それ、綿でくるんだの。それだそれだ。（稲毛屋に）こちらになります」

稲毛屋「ああ、これね。で、これはどうやると生き返る？」

番頭「ええ、干し猫の戻し方はですね、お湯の温度はごくぬるめの方がよろしゅうございます。とにかく猫舌というぐらいでございますので、あまり熱いのはダメでございます。ぬるま湯に一時から、せいぜい二時ほど浸けていただければ、元気なお猫様に」

稲毛屋「そうか。で、食べさせるものは？」

番頭「二日、三日のうちは重湯でもやっといていただきまして、それから五、六日は、まあ五分搗《づ》きの粥でも食べさせていただきまして。後はもうイワシの頭でもなんでもバリバリバリバリかじりますので。なにしろ、こちらは特上の三毛ですから、お孫娘様もすっかりご元気になられますよ。どうぞ、ご安心くださいませ」

稲毛屋「そうか、助かった。ありがとう、ありがとう。で、いかほど？」

番頭「ただいま。（そろばんをはじく）ええと、三毛の、干し猫の、三歳と。まあ、お孫さんのご心配の分をお勉強させていただきまして、と。こんなところでいかがでしょうかな?」

稲毛屋「二両、そんなんでいいのかい」

番頭「はい。稲毛屋さまにはいつもご贔屓いただいておりますので」

稲毛屋「二両でもって孫の命が助かるなら安いもんだ。はい。じゃ、ここへ二両、置きますよ。このことはくれぐれも、家の者には内緒にね。頼みましたよ」

番頭「承知いたしました。じゃ、あの、すぐお包みを……」

稲毛屋「いや、包まんでいい。包んで持っていくと、孫たちに『おじいちゃん、何買ってきた?』と問われて悟られるといかんでなあ。このまま懐へ入れていきます。はい、ありがとう、ああ、助かった、助かった」

番頭「ありがとう存じます」

奉公人一同「ありがとう存じました!」

八五郎「番頭さん、番頭さん、今、行ったの、あれ、稲毛屋の大旦那? あの 味噌問屋の?」

番頭「いいえ、稲毛屋さんは醬油問屋さんでございますよ」

八五郎「あっ、そうか、醬油問屋か。それで醬油で煮しめたような羽織り着てたのか。そんで、今の何? 干し猫って?」

番頭「ええ。手前どもは、よろず乾物商処 乾屋干兵衛でございますから、日本国じゅうの乾物を商っておりますよ。干した物一切を商っているんでございますよ。（入って来た客に）いらっしゃいまし。はい、海苔でございますか？ 海苔は浅草と佐賀とございますが。えっ？ ええ、それはもう浅草の方が上物でございます、はい。浅草一畳。はい、承知いたしました。（奉公人に）おい、こちらのお客様、浅草海苔を一畳。極上のほう。（八五郎に）ええ、ですから、当店では干した物ならどんなものでも売ってるんでございますよ。あちらにぶら下がってございましょ。あちらの大きいのは、干した熊、干し熊でございます」

八五郎　「干し熊？」

番頭　「その隣にありますのが、干し犬でございます。隣が干し狸。細いのは干し狐でございますね。あちらの方に置いてある赤毛のものは干し猿でございましょ、それから……」

八五郎　「へえ。その、火鉢のとこにくるくるっと丸まってんのは？」

番頭　「えっ？ 火鉢のところ……ああ、あれは家の婆やでございますよ」

八五郎　「あれ婆やさん？ 干し婆や？ あれも湯かけると動き出すの？」

番頭　「バカなこと言っちゃあ。（客に）はいはい。ありがとう存じます。昆布でございますか？ 蝦夷《えぞ》からいい昆布が入っておりますですよ。そちらが出し昆布で、粉のふいてる方がよろしゅうございます。そちらは極上でございますので、どうぞお選びをいただきまして。（奉公人に）おい、こちらの、ヘチマのお代はどうなってんだ、早くしておくれ。お客様、すいません、今すぐヘチマのお買取り代を」

八五郎「いや、それはいいんだけどね。へぇ、なるほどね。いろんな干したもんがあるんだね。干し熊、干し猿、干し犬、干し猫、干し猿に干しガキか。ああ、干しガキなんていうのはね、美味えもんだね。俺、好きだ。（読む）『与太郎ガキ少々難あり二十文』次郎ガキとか富有ガキってのは聞いたことがあるが、番頭さん、あの与太郎ガキってのはどんな味がすんの？　甘いの？」

番頭「えっ？　ああ、あれは、柿じゃございませんよ、ガキでございます。干しガキでございます」

八五郎「干しガキ？」

番頭「ええ。干し子供というのはどうも語呂がよくございません。干し赤ん坊ではお生でございますので、手前どもでは子供の干したのを干しガキとして、売ってるんでございます」

八五郎「ガキって、子供？」

番頭「ええ、よくお子さんのいらっしゃらないご夫婦がお買い上げになります」

八五郎「『だって少々難あり二十文』て書いてあるよ。さっき、稲毛屋のご隠居さんが買ってった三毛猫の干したのは二両だぜ。人の子が二十文？」

番頭「ええ、少々難ありでございますから。お上等なものになりますと二百、三百、これはくだりません。ですが、子供さんというのは育てようでございますよ。いくら三百、五百とお金をかけたところで育たないものは育ちません。たとえ二十文でも親御さんがその気になって育てあげれば、末は博士か大臣か、というわけには参りませんが、まあ、いい職人になるとか、商いで成功するとか、これはもうお金ではございません。子供は育てようでございます。ええ、たとえ二十文でも育てようでございます」

八五郎「なるほどね。家さあ、子供いねえんだよ。子供がいりゃあね。真面目に働こうかな、なんて気にもなるけどね。番頭さんの言う通りだな。子供は育てようだよな。干しガキかぁ」

番頭「どうも大変お待たせを致しました。（小僧に）そうか、大番頭さんが、大変いいヘチマだって？（八五郎に）手前どもの大番頭も是非また仕入れさせていただきたいということで、二十文で取らせていただきます」

八五郎「ええっ？　あのヘチマ、二十文で取ってくれんの？　こりゃあ、どうもありがとう。（戸惑いながら）番頭さんさあ、ヘチマ二十文で買ってもらったばっかりでなんだけど、あの『与太郎ガキ少々難あり二十文』ての、これで売っちゃあもらえねぇかなあ」

番頭「へぇへぇ、よろしゅうございますよ」

八五郎「いいのかい？　売ってもらえんの？」

番頭「ええ、もちろん。お買い上げをいただくのは、有難いことで。（小僧に）おいおい。あの干しガキをな、いや、そっちじゃない、少々難ありの方だよ。あの男の子と女の子では？（間）男の子がご希望だ。（八五郎に）上等な女の子ですとね、桐の箱入りで。俗に箱入り娘などと申します。（小僧に）いや、そうじゃないよ、少々難ありだって、そこに束にしてあるじゃないか。（間）はい、どうぞ、こちら、少々難あり、お待たせいたしました」

八五郎「あっ、これ。で、これ、どうやったらいいのかな？」

番頭「ええ、子供を戻すのは、少々コツが要ります。湯加減でございますが、熱過ぎてもぬる過ぎてもよくありません。俗にいう人肌、人間の肌のぬくもりというような湯加減で風呂に入れていただきまして」

八五郎「風呂？　あっ、ダメだ、うち、風呂ねえんだよ」

番頭「でしたら、たらいでもよろしゅうございます。たらいで、まめにお湯をかき回していただきまして。おかみさんですね。お母様になられるおかみさんに、心を込めて湯加減を。そうして、まあ、一晩見ていただければ明くる日にはもう元気な男の子がご誕生になります」

八五郎「人肌ね、湯加減をね。かみさんが。分かった。じゃ、もらって行くね」

奉公人たち「ありがとう存じました！」

八五郎「へえ！　俺たちの子だあ。少々難あり二十文。これが俺たちの子供になるのかあ。おっかあ、今帰ったよ」

お玉「お帰り。売れなかったろ？」

八五郎「売れたよ」

お玉　「売れた？」

八五郎　「うん！　あの乾屋干兵衛って大きな店があんだろ。あそこでヘチマ、二十文で買ってくれた」

お玉　「へえ、そうかい。行ってみるもんだねえ。二十文お出しよ。お米買って来るよ」

八五郎　「ない。二十文で、これ買ってきた」

お玉　「何それ？　焼き芋？　何これ？」

八五郎　「これ、干しガキ」

お玉　「なんだい？　干しガキって」

八五郎　「子供の干したの！」

お玉　「お前さん、お腹が空きすぎて頭がどうかしちゃったんじゃないの？　何だい、子供の干したのって！」

八五郎　「あの稲毛屋、醬油問屋の。あそこのご隠居が来てさ、孫娘の大事にしてる三毛猫が井戸にはまって死んじまったんだって。そんなこと知ったら孫娘が死んじまうって。だから、三毛猫の干したの、干し三毛猫があるかって来たんだよ。そしたら、『へい、ありますっ』ってさあ、、湯で戻すと元通り生き返るんだって。二両だぜ、干し猫が。で、ひょいと見たらね、『与太郎ガキ少々難あり二十文』ってのがあってさ、これは一体なんだって、そしたら、これも湯で戻したら元気な子供になるって。そんでこれ買ってきたんだ」

お玉　「ばあか！　そんなこと真に受けて買わされて来たのかい。何言ってんだよ。そんなバカな話があるかね。お前さん、また、まんまと騙されたんだよ。ほんとにもう、久しぶりに立ったかと思やあ。干しガキだって。騙されやがって、まったく、もう、呆れるよ」

八五郎　「いいじゃねえかよ、騙されたと思って。とにかくさあ、うまくすりゃあ、これが俺とおめえの子供になるんだから。ちょっとあの座布団。こっちへ。ええ、なんだ、この座布団は。綿が入ってねぇじゃねぇか。干し座布団だね、こりゃ。まあ、いいや。干しガキ様は、ここへこう置いといて。湯だ、湯沸かせ！」

お玉　「ほんとにもう！　やだよ、あたしゃ。バカバカしくってやってらんないよ！」

八五郎　「そんなことに言わねえでさあ、俺たちの子供だぜ。湯沸かせって。（間）沸いたか？　あちっ、熱いよ。子供にヤケドでもさしたらどうすんだよ。人肌、人肌。水足せ、水を！　よし、おお、ちょうどいい湯加減だ。ここへ入れろ。そおっと、そうそう。これがな、俺とおめえの子供になるんだ。（間）おっ、少しふやけてきたぜ。ああ、どんな子になるんだろうなあ？　楽しみだなあ、おい。おめえも『おっかあ』になるんだぜ。（あくびをして）なんだか知らねえ、眠くなっちゃったなあ。久しぶりに外歩いたからな。湯加減はちゃんと見ててくれよ。頼むぜ。どんどん湯沸かしてな。熱過ぎちゃだめだぜ。ぬる過ぎてもいけねえ。頼むで。眠くなっちゃった。（鼾《いびき》をかく）」

赤ん坊の泣き声　「おんぎゃあ、おんぎゃあ、おんぎゃあ」
八五郎　「えっ、赤ん坊の泣き声！」
お玉　「お前さん、生まれたよう！」
八五郎　「生まれたか！　おめえ、一晩じゅう？　でかした、でかした。よくやった！　そこに寝かせて。ああ、これが俺とおめえの息子か？　かわいいなあ！　おうら、おとっちゃんだぞ。おとっちゃんだぞ。分かるか？　こっちがおめえのおっかちゃんだ」
お玉　「可愛いねえ」
八五郎　「可愛いなあ。なんか目元がおめえに似てるぜ」
お玉　「口元はお前さんに似てるね」
八五郎　「あっ、今、笑った！　おとっちゃんだぞ。わかるか？　ほら、笑ってる」
お玉　「なに言ってんだよ。まだ笑うわけないよ」

ふたりは、それはもう目に入れても痛くないような可愛がりようで、あっという間に十五年という月日が過ぎます。裏長屋に住んでおりました八五郎夫婦でしたが、子供が出来て八五郎も仕事に精を出すようになり、表に一軒材木屋を構えました。ふたりはこの子供に「新太郎」という立派な名前を付けまして、大事に育てます。ところがまあ、「少々難あり二十文」でございますので、この新太郎、普通の子供とはちょっと様子が違います。

八五郎「新太郎、おい、新太郎」

新太郎「なんだい、おっかちゃん」

八五郎「おめぇ何度言ったらわかるんだ。俺はおっかちゃんじゃねぇ、おとっちゃんだろ」

新太郎「ああ、そうだ。おとっちゃん、なんか用か？」

八五郎「あのなあ、ここにある棚板を信濃屋さんに届けてきてくれ」

新太郎「信濃屋さん？」

八五郎「お前、信濃屋さん、まだ行ったことがなかったなあ」

新太郎「うん、おいら、信濃屋さんはまだ行ったことがなかったなあ」

八五郎「ほら、吉野屋は知ってるだろ？」

新太郎「うん、吉野屋さんはよく行くから知ってる」

八五郎「だな。あの吉野屋さんのほら、先にさ、虎屋って団子屋があるんだ。お前、カナは読めるから看板見りゃわかるよ。『とらや』だ。その先に煎餅屋で『さるや』ってぇのがあってな。その『さるや』の二軒先が信濃屋さんだ」

新太郎「わかった」

八五郎「行ってな、この棚板を届けてくりゃいいんだ。勘定のことはもうおとっちゃんが差配してあるから。届けりゃそれでいい」

新太郎「わかった。じゃあ行っつくらあ」

八五郎「新太郎、ちょっと待ちな。あのな、お前、煙草屋の前通るな。今日はな、通るとき、いつもみたいに『煙草屋のおばさん、こんにちは』なんて大きな声出しちゃいけねぇぞ」

新太郎「どうして大きな声出しちゃいけねえの？」

八五郎「あのな、煙草屋の婆さん、ゆんべ死んだんだ」

新太郎「婆さん死んだのか？」

八五郎「うん。まぁ歳は八十九だから、まあ歳に不足はねえ、大往生だが。だけどよ、婆さん死んでみんなが悲しんでいるところへ、お前が大きな声でもって『こんにちは』なんて言って通りゃ、まぁ挨拶だからいいようなもんだが、あんまりいい気のするもんじゃねえさ。人が悲しんでる時に大きな声出しちゃいけねえ。それがな、思いやりってもんだ。情ってもんだ。いいな、今日は大きな声で挨拶するんじゃねえぞ」

新太郎「分かった。おとっちゃん？　人が死ぬと悲しいのか？」

八五郎「当たりめえじゃねぇか。人が死にゃあ悲しいに決まってら」

新太郎「ふうん。そうか。人が死ぬと悲しいのか」

八五郎「お前だってなんだろ？　おとっちゃんが死んだら悲しいだろ？」

新太郎「おとっちゃん、まだ死んでねえから分からない。試しに一度死んでくれねえかな。そうすりゃわからぁ」

八五郎「何言ってんだよ。そんなわけにはいかねえやな。人が死にゃあ悲しいものさ」

新太郎「そうか、人が死ぬと悲しいのか。おとっつぁん、人が生まれても悲しいのかあ？ このあいだ徳兵衛さんとこおじさんが初孫だ初孫だってってね、泣きながらみんなに話してた。人が生まれるのも悲しいのかあ？」

八五郎「それはお前。嬉し泣きってやつだよ。孫が生まれて嬉しいから泣いたんだ」

新太郎「ふうん、そうか、人が死んでも泣くのか。生まれても泣くのか。おとっちゃん？ あたいが生まれた時、おとっちゃん、泣いたか？」

八五郎「そりゃあ、泣いたよ。お前がたらいの中でふやけてきて、いや、そうじゃねぇ。たらいの中で産湯を使った時は、もうおとっちゃんもおっかちゃんも嬉しくっておいおい泣いちまったよ」

新太郎「そうか。あたいが生まれて嬉しくて、おとっちゃんとおっかちゃんは泣いたか。そうか、泣いたのか。おとっちゃん？」

八五郎「うん？ なんだ？」

新太郎「行ってくらあ」

新太郎「ああ、ここが吉野屋さんだ。吉野屋さんはよく来るから分かるんだ。えっと、隣が『やらと』。そんな名じゃなかったなあ。でも、ここ団子屋さんだ。それから煎餅屋さん。ああ、煎餅屋さんだ。『やるさ』。煎餅くれるんだ。へえ、帰りに煎餅もらおうっと。ここは、『やのなし』？この家は『やのなし』なんだ。おかしいなあ、たしか、このへんなんだけどなぁ」

おみよ「どうしたの？」

新太郎「ええ？　あのねえ、家探してんだよ」

おみよ「何ていう家？」

新太郎「あのね、信濃屋さんって家だ」

おみよ「あらやだ。信濃屋はあたしの家よ」

新太郎「ええ？　おめえんち？　おめえんち、名前なんていうの？」

おみよ「だから、信濃屋でしょ」

新太郎「だけど、ここは『やのなし』だぜ」

おみよ「やだ。ほら、こっちから読めば『しなのや』って書いてあるじゃない」

新太郎「あれ？　ほんとだ！　さっきは『やのなし』だったのに。なあんだ、おめえんちか、信濃屋は」

おみよ「家へ、何の用？」

新太郎「あのね、おとっちゃんに言われてさ、棚板を届けに来たんだ」
おみよ「そう。じゃ、中へ」
新太郎「おめぇ、それ、何持ってんだ？」
おみよ「これ？　今、お手習いに行って来たの。お手習いのお草子」
新太郎「へぇ？　お手洗いの雑巾？」
おみよ「そうじゃないわよ。お手習いのお草子。お習字のお稽古に行って来たの」
新太郎「ああ、お習字かあ。あたいはねぇ、カナなら読めるんだ。だけど字は書けねぇんだ」
おみよ「読めるんだったら書けるじゃない。あたしが教えてあげようか？」
新太郎「えっ！　おめえが字を教えてくれるの？　あたいねぇ、字覚えてぇと思ってたんだ」
おみよ「じゃあさ、その棚板を店へ届けて来て。あたし、すぐ戻ってくるから。奥へ上がって。あのね、美味しいお饅頭もあるの。後で向こうへ回って、上がって。お名前なんていうの？」
新太郎「えっ？　あたいの名前？　あたいの名前はね、（考える）おとっちゃん、おっかちゃん、新太郎ちゃん、だから、新太郎！」
おみよ「新ちゃんね。あたしね、おみよっていうの」
新太郎「おみよちゃんか。で、おみよちゃんちはどこだい？」
おみよ「ここでしょ」

新太郎「あ、そうか。おみよちゃん、あたいね、これ届けたらさ、ここで待ってるね、お饅頭ご馳走してくれて、字も教えてくれるんだね。分かった、分かった、うん」

奉公人1「おい、変な奴が店先ぃ立ってるよ。なんだか知らねえ、大きな板担いで。薄気味悪いな」

奉公人2「店先ぃ立たれちゃ商売の邪魔だって。追い返せ」

奉公人1「やだよ。お前、追い返してくれ」

奉公人2「やだよ、お前。なんか文句言って、あの板でもっていきなりバーンて引っぱたかれてさあ。『一度人間を板で叩いてみたかった』なんて言われてみ」

奉公人1「おう、そんなところへ板持って立たれちゃ邪魔なんだよ。あっちへ行きな、あっちへお行きよ。危ねぇな、おい。板を振り回すなよ」

新太郎「こちらは信濃屋さんでございますな」

奉公人1「そうだよ」

新太郎「毎度ありがとう存じます。棚板を持ってまいりました」（板を担いだまま挨拶をする）

奉公人1「おおっ、危ねぇって。（店の奥へ）おう、棚板だってよ。誰か頼んだあ？　頼んだの？ああ、そうか。分かった。（新太郎に）すまねえ。じゃあ、それ奥へ持ってってつくれ。お清さんって女中がいるからさ、その人に渡してくれや」

新太郎「はい、この棚板、お清さんていう女中さんにお渡しして来ます。毎度ありがとう存じます」

奉公人1「おう、ありがと。（間）置いてきたか。ご苦労さん。（間）なんでぇ、もういいよ。ご苦労さん。帰っていいよ」

新太郎「はい」

奉公人1「いいよ。帰んなって」

新太郎「はい」

奉公人1「だから、そんなとこへ突っ立ってねぇで帰んなよ」

新太郎「はい、でも、おみよちゃんがここで待っててって」

奉公人1「お嬢さんが待ってろ？　なんで？」

新太郎「あのね、お手習い、これはお習字のことです。あたいにお習字を教えてくれて、お饅頭をご馳走してあげるから待っててって。おみよちゃんが」

奉公人1「なに言ってんだ。家のお嬢さんがお前にそんなこと言うわけねえじゃねえかよ。帰んなよ」

新太郎「でも、約束したから。帰りません」

奉公人1「帰れってんだよ！」

おみよ「ちょっと、何してんの」

奉公人1「あっ、お嬢さん。すいません。いえ、この野郎がね、なんだかお嬢さんにお手習い教わって、饅頭ご馳走になるって言って動かないんすよ」

おみよ「そうよ、約束したんだもんね。新ちゃん、さあ、上がって。早く上がって。どうぞ、どうぞ」

八五郎「おう、おっかあ、どうした？　新太郎は？　また信濃屋さん行ってんのか？　そうかい。なんか間違いがなきゃいいけどな」

お玉「なんであの子に間違いがあるんだよ」

八五郎「だって、そうじゃねえかよ。あんな大店のお嬢さんとこへしょっちゅう出かけてって、間違いでも起こしゃ」

お玉「何言ってんだい！　家の新太郎がどんな悪さするってんだよ？　間違いなんぞ起こすわけないじゃないか！」

八五郎「いや、そうだけどさあ。こないだも俺に変なこと言うからさあ。『おとっちゃん、人が死んだら悲しいのか』って。そんなこと言うんだぜ」

お玉「ええ？　人が死んだら悲しいのか？　誰が？　あの子がそんなこと言ったの？」

八五郎「そうだよ。『おとっちゃんが死んだらお前だって悲しいだろ？』って言や、『悲しいかどうか、わかんねぇから、おとっちゃん、死んでみてくれ』って。そんなこと言いやがるからさあ」

お玉「あの子がそんなことを？　お前さんに？　あの子は生まれた時からこの辺（胸）に大きな穴があるじゃないか。あたしゃ、それが気になってたんだけど、やっぱり『少々難あり二十文』だからかねえ。だけど、私らの子に限って、悪いことするなんて、そんなわきゃないよ」

八五郎「それもそうだけどよ。ああやって毎日、信濃屋さんへ行ってさ」

お玉「間違いなんてあるわけないじゃないか。バカなことを言うんじゃないよ。自分の子だろ？」

八五郎「そらそうだけど。まあ、ムキになるなよ」

お玉「冗談じゃないよ。家の子に限ってそんなことあるわけないじゃないか。自分の子供を信じないでどうすんだよ」

八五郎「分かった、分かった。すまなかった」

おみよの父「婆や、ちょっとこっち来とくれ。また、あの材木屋のせがれが来てるのかい？」

婆や「はい」

おみよの父「お前ねえ、『はい』じゃないよ。あの子のことはお前にみんな任せてあるんだ、ええ？　おみよは、家のたった一人の跡取り娘だよ。どっか大店からいい次男坊でも婿養子に迎えて、この信濃屋の暖簾《のれん》を守ってってもらわなくちゃいけない、大事な娘だ。それをなんだ、あんなわけのわからねぇ奴と毎日毎日。もし、これが世間の噂にでもなってごらん。いい縁談だって来やしないじゃないか。そうだろ？　もうあんな奴、二度と家に上げるんじゃないよ」

婆や　「でも旦様、あの新太郎さんがお見えになると、お嬢様は人が変わったようにお元気になるんでございますよ。いつも楽しそうにケラケラ笑って。あたくし、今まであんなに嬉しそうなお嬢様を見たことがございません。旦様、それだけはお許しをいただき……」

おみよの父　「馬鹿なこと言いなさんな！　新太郎だか与太郎だか知らないが、これだけの身代をどうするつもりだ。えっ！　とにかく、金輪際、新太郎を家に上げるんじゃないよ。いいね？　ここへおみよを呼びなさい」

おみよ　「なあに？　おとっつぁん」

おみよの父　「おみよ。また、新太郎とやらが来てんのか？」

おみよ　「うん。今ね、お手習いが終わって、新ちゃんとおしゃべりしながら、お菓子を……」

おみよの父　「すぐに帰しなさい。そして、もう二度家に上げるんじゃないよ」

おみよ　「どうして？　おとっつぁん、どうして新ちゃんを家に上げちゃいけないの？」

おみよの父　「お前はな、この信濃屋の大事な跡取りだ。あんな奴が毎日家に入り浸ってることが世間に知れたらどうだ？　いい縁談も来やしないじゃないか」

おみよ　「新ちゃんはそんな人じゃないよ」

おみよの父　「もう二度と会うんじゃない。おみよ。おっかさんが死んだ後、あたしがなんで後添えをもらわずにお前を一人でここまで育てたと思う？　この身代をお前に守ってほしいと思えばこそ、今までこうして後添えももらわずに親子二人で暮らしてきたんじゃないか。おとっつぁんのそんな気持ちをお前だって知らないわきゃないだろ？　あんな、どこの馬の骨ともわからない野郎が毎日店へ出入りしていることが世間様に知れたらどうだ？　そうなりゃ、いい縁談も来やしないじゃないか。これだけ大勢の奉公人が路頭に迷うようなことを、お前の勝手で、みんなの暮らしが立たなくなるんだよ。いいかい。二度と新太郎を家に上げるんじゃない。いいね」

奉公人2　「お帰りよ。もうお嬢さんはな、お前には会わねえんだから、な、帰んな」

新太郎　「はい」

奉公人2　「だから、『はい』じゃねんだよ。奥からきつく言われてんだよ。お前を家に上げちゃいけねって。な、もう、帰りな」。

新太郎　「はい」（じっと立ったままである）

奉公人2　「頼むよ、帰ってくれよ。俺たちだっておめえに手なんか出したくねぇよ。でも、旦那には逆らえねんだよ。下手すりゃ、俺たちが店から放り出されちまうだろ。な、頼む。この通りだ。帰ってくれよ。頼むからさあ」

新太郎　「はい」（動かない）

奉公人2　「もう！　帰れってんだ、コンチキショー！　水ぶっかけるぞ！」

おみよの父　「婆や、婆や、ちょっと来てくれ。どうだい？　おみよの容態は？」

婆や　「はい。やはりお食事はまったく召し上がらず、臥せったままで、ずっと泣いておいでです」

おみよの父　「そうかい。やっぱり私が仲裂いたのが悪かったかな。ちょっともう一度様子を見てきておくれ。無理にでも食べさせないと、あれじゃ、死んじまう」

婆や　「お嬢様、お嬢様、せめて重湯ぐらいは頑張ってお召し上がりくださいませ。そんなんじゃ、お身体が弱る一方でございますよ。ねっ、お嬢様」

おみよ　「婆や、あたしもうどうなってもいいの」

婆や　「そんな悲しいことをおっしゃらずに。せめておさ湯だけでもお飲みに」

おみよ　「婆や、新ちゃん、元気かな？」

婆や　「お嬢様」（泣く）

おみよの父　「婆や、お医者様が言ったよ。このままじゃ、もう、十日持たないってさ。えらいことになった。あたしゃ、自分の身代を守ることばかり考えて、大事な一人娘のおみよの気持ちを考えてやらずに、生木裂くようなことしちまった。ゲスの勘ぐりってやつだ。えらいことをした。今、使いをやった。新太郎さんに来てもらうことにしたから。あ、そうか。見えた？　こっち上がってもらって。新太郎さんだね。よく来てくださった。お前さんにはひどいことをしちまって。堪忍して下さいよ。この通りだ。堪忍してください」

新太郎「どうしたんですか？」

おみよの父「お医者様に言われました。もうおみよは十日も持たないだろうって」

新太郎「おみよちゃんは十日も持たないんですか？　この陽気で腐っちゃったんですか？」

おみよの父「いや、ことによると、おみよは死ぬかもしれないんですよ」

新太郎「おみよちゃんが死ぬんですか。（考える）おみよちゃんが死んだら、おじさんは悲しい気持ちになりますね」

おみよの父「悲しいなんてもんじゃありませんよ」

新太郎「人が悲しい気持ちでいるときは大きな声を出しちゃいけねえって。挨拶も大きい声でしちゃいけねえ。それが思いやりだって。家のおとっちゃんがそう言ってました」

おみよの父「そうかい。お前さんのおとっつぁんは、そんなことを教えてくれるのか。いいおとっつぁんだねぇ。（泣く）あたしゃねえ、おみよの気持ちも考えずに、お前さんとの仲を裂いちまった。

おみよはご飯も食べずに毎日泣いてねぇ、とうとう、起き上がることも出来なくなっちまった」

新太郎「ああ、おまんまを食べないと、お腹が空くんだ。お腹が空くと泣きたくなるんですよ。あたいもね、お腹がすくとね、なんだか泣きたくなるんです。あたいもおみよちゃんに会えないと、なんだか泣きたくなりました。でも、おっかちゃんが、『食べて元気でいなきゃ、またおみよちゃんに会ったとき、おみよちゃんが悲しむよ』って。だから、あたいは朝は毎日ご飯を三杯おかわりして、いつか会えると思って、毎日元気にお店の前に来るんです。おみよちゃんもね、ご飯を食べれば元気になって。泣かなくなりますよ」

おみよの父「そうかい。新太郎さんねぇ、おみよのところへ行ってやっちゃくれませんか」

新太郎「おみよちゃん？　お腹が空いてるんだろう。食べなきゃダメだよ。食べると泣きたくなくなるよ。元気になるよ。食べなきゃダメだぜ。おみよちゃんは、何が食べたい？　おはぎか？　団子か？　何でも食べなきゃダメだよ。食べれば元気になる。泣いてちゃダメだ。元気になるからどんどん食べな」

おみよ「新ちゃん、ありがと」

新太郎「あ、笑った！　今度は婆やさんが泣いてる。婆やさんもお腹が空いたんですね。なんか食べるといいよ」

損得のない慎太郎の介護で、おみよはどんどん元気になってまいります。

新太郎「おみよちゃん、おみよちゃん！」

おみよ「あら、新ちゃん。どうしたの？　そんなにずぶ濡れで」

新太郎「お店行ったらね、おみよちゃんは土手にいるって。あたいは土手って向こうのことだと思ってさ、泳いで向こう岸へ行っちゃったんだよ。そしてこっちを見たら、おみよちゃん、こっちにいるじゃねえか。だから、あたい、また泳いでこっちへ戻ってきたんだ」

おみよ「新ちゃん？　あたし、新ちゃんが好き」

新太郎「ええ？」

おみよ「あたし、新ちゃんが好き、好き！」

新太郎「あたいもおみよちゃんが好きだぜ。（胸をおさえて）うっ、痛い！　ううう。う〜ん」

おみよ「新ちゃん、どうしたの？　どうしたの？　新ちゃん、大丈夫？」

新太郎（青年らしい口調で）「あれ？　今、おいら、おみよちゃんのことが『好き』って言った途端に何かこの辺（胸）が急に苦しくなった。おいら、生まれた時から、ここに穴が空いてたのさ。おみよちゃんが好きだって思った瞬間、その穴がふさがった」

新太郎（男らしい口調で）「おみよちゃん、俺はおみよちゃんが好きだ」

おみよ「ありがとう。新ちゃん。あたしも新太郎さんが好き。あら、まあ、ずぶ濡れ。早く家行って着物を干さなきゃ」

新太郎「やだ！」

おみよ「なんで？　なんで嫌なの？」

新太郎「俺はもう二度と干されたくない」

さん喬落語③『干しガキ』

第5章 「笑い」を広げる

「間」をめぐる演劇と落語のせめぎ合い

前の章でも触れたように、新作落語には見本・手本がありません。だからこそ、自分ならではの色が出せます。そうしたチャレンジのし甲斐があるところが、私にとって新作落語をやるうえでの大きな魅力と言えるでしょう。

ただ、誰もやったことがないからこそ、そこには当然、乗り越えなければならない〝壁〟があります。

2022（令和4）年11月、コロナもだいぶ落ち着いてきたこともあり、今まで挑戦したことのない新作だけの会をやってみたいと考えました。そこで、黒田先生にお願いして、もう随分前にやった黒田先生作の新作4本を、改めて稽古し直すことにしたのです。

新作だけの会ということにお客様も関心を持たれたのか、普段の会より多くのご来場をいただき、まずまずの評判をいただきました。このうわさを聞きつけた名古屋の落語会からは、「新作だけでいかがでしょうか」とも依頼されました。

「えっ？　古典のさん喬じゃなかったっけ？」と心の中で突っ込みを入れつつも、新作だけのさん喬の会が、果たして名古屋でも受け入れられるのか、黒田先生とも「二匹目のどじょうは期待しないほうがいいよねぇ」と気を引き締めながら、また稽古に励みました。

黒田先生は、名古屋に向けて「恋の夢」というネタ下ろしを書いてくださいました。これがまた……ご覧になった方は、「ああ、あれね」とほくそ笑むであろう斬新なつくりで（笑）。ご覧になっていない方、いつかどこかで、乞う、ご期待！

名古屋での新作の会も無事に終え、そうこうするうちに、東京でまた新作だけの会をというご依頼が。つまり、半年足らずのあいだに、私は新作の会を3回もやったのです。喬太郎、聞いてるか（笑）？

もちろん、別に喬太郎と張り合おうなどというつもりは毛頭なかったのですが、結果的にそんなスケジュールになりました。

三度目の新作の会でやった4本のなかでも、「鉢巻地蔵《はちまきじぞう》」は40分を超えるネタ下ろしでした。以前は「神様の贈り物」というタイトル。深川の「さん喬を聴く会」で大昔に一度だけやったことがあるこの噺は、私がさらに大昔に自分で創った前述の「三つの願い」という噺と仕掛けが似ていたのです。そんなこともあり、いつかまたやってみたいと思っていました。

私が創った「三つの願い」は、こんな内容です。

ある男が母親の病気を治すために、神様に願かけをすると、「お前の願いを三つだけ叶えてやる」と言われます。ところが、行き会う人たちの窮地を救うためにそのパワーを使い果たしてしまって、肝心の母親の病気を治すためのパワーを失ってしまう。

でも、そこはそれ、落語のことですからちゃんとハッピーエンドになるという、そんな筋でした。

馴れ合いなきZOOMでの稽古

私は黒田先生に「今度、『神様の贈り物』をかけたいのですが」とお電話したところ、「ああ、わかりました。じゃあ、台本を打ち直してお送りします。ちょっと変えるところもあるかも」とのこと。ところが、後日、届いた台本は、ちょっとどころではなく、元の噺とはまったく違う仕上がりになっていました。

この点、見解の相違で、今でも先生は「ちょっとしか変えていません」と言い張るし、私は「全然違うけどぉ」と抵抗します。作家と演者の受け止めの違いですかね。とは言え、たしかに前回よりずっとよい噺になったことは間違いありません。

前は人物の描き方が単純なおとぎ話のようで、それはそれでよかったのですが、今回はそれぞれの人物の背景と言いますか、暮らしぶりが見えるような書きぶりになっていました。それだけに演じるほうはもう大変！

新作の稽古方法は、以前は、作品をいただいたら自分で稽古して、場合によっては稽古を録音してお送りし、聴いていただいて何かご意見があればいただく。あるいは、要所要所、お電話で「あそこはこうしたいんですが」と相談すると、「いいですね」とか「それなら、こうしては？」とアドバイスをいただく程度でした。

通しでの稽古を対面でお見せするなどということはなかったため、黒田先生が私の新作の演出をご覧になるのは、いつも本番が初だったのです。本番が終わるといろいろとコメントはいただきますが、何しろ、同じ新作を次にまたかけるのはいつのことやら、ですから、先生も大概「よかったですね」と、いいところだけ言ってくださる形で終わっていました。

しかし、コロナのおかげと言うべきか、憎きコロナのせいと言うべきか。世の中にZOOMなどという機械が出現して（もっと前からあったのかもしれませんが）、私のような機械音痴でもオンラインで落語会や落語講座ができるようになりました。そのうち、古典落語もオンラインが主流になるのかと思うほど、当たり前のようにZOOMだ、ウェブだという世の中になったのです。

とにかく、新作の稽古もオンラインでできるようになった。今までだったら、先ほど申し上げたような感じで、台本をいただいて自分なりに創って本番をご覧いただくことで済んでいたのが、黒田先生から「師匠、ZOOMで拝見しますよ」と。「イヤ！」なんて言えませんからね。以後、ZOOMで新作の稽古を見ていただくようになりました。

これが、正直、ツ・ラ・イ！

何しろ、画面越しに敵はこっちをじっと見ているわけです。「あの、これからちょっと用事が」なんて言って逃げられません。対面だったら、「まあ黒田先生、ちょっとお茶でも。今日はいいお天気で」とか言って雑談なんかもできるのでしょうが、オンラインでは休憩なし、1回4時間みっちり、噺を微に入り細をうがち創っていくわけです。

そんな苦行を計5回ほどやりました。何度も言いますが、それはそれは大変な稽古でした。これまでは、自分で好き勝手に試行錯誤して噺を創り上げていましたが、噺の途中であろうが、出だし、ほんのちょっとしかしゃべっていなかろうが、画面の向こう側にいる作者から、「ちょっと、そこは」と指摘が入ります。

もちろん作家さんの言うことですから、決して無視できません。聴こえないふりをして先に進むわけにもねぇ。

噺家が苦手な「無音の時間」

噺家の私と作家であり演出家の黒田先生とのあいだで、議論の焦点の一つとなるのが、どこまで落語的な型で表現し、どんなところを演劇的な表現に落とし込むのかということです。ここがいつも、画面越しに火花バチバチ、とまではいきませんが、ジャンルの違う表現者同士の大きなせめぎ合いとなります。

たとえば、「鉢巻地蔵」で長屋のおかみさんが泣くシーン。わんわんヒステリックに泣いたかと思うと、急に泣くのをやめ、心が穏やかになっていくといった場面ですから、上辺だけ穏やかなふりではなく、心から本当に穏やかになっている様子がお客様に伝わらなければなりません。

そういった際、私たち噺家は言葉で表現します。ところが演劇の場合、究極的には

「無音劇」というのもあるくらい、声も音も出さず感情の変化を表現することがよくあるわけです。

噺家は、なかなか無音の表現はできません。ただ私は、この本の第1章でも触れたように、師匠の小さんから「間」の大切さを学んできました。ですから、先ほどの「笠碁」でも、周りから「よく黙っていられるね」と言われるくらい、長い「間」を取ります。おそらく若いころだったら、無音の時間が怖くてすぐにセリフをしゃべっていたでしょう。

この「間」というものは、一瞬にして変わってしまいます。たとえば、猫をだしにして兄貴分から酒や鯛をちょうだいするという「猫の災難」で、主人公の熊は、酒を飲んで酔っ払っていきます。ただし、急に酔っ払って酒乱のようになるのではなく、徐々に酔いが回っていくわけです。

そして、その過程ですごく酔っ払う一瞬がある。その状態と次の状態のあいだの「間」が、とても大事なのです。ちなみに、やはりこの噺でも酔っぱらいを演じる五代目小さんの「間」は絶妙でした。

これは、「鉢巻地蔵」のおかみさんが泣くシーンにも通じます。大泣きしていたヒステリックなおかみさんが、不思議な手拭いで顔を拭いたとたんに豹変したことを強調して「ねぇ、お前さん」となるのか。それとも、おかみさんの心の変化を「間」を取ることで表して、しばらく間をおいてから、「ねぇ、お前さん……」となるのか。

こうした「間」の選択は、古典落語の場合はある程度、経験知で会得していますが、新作では何が正解なのか、いまだに研究の余地があることを、黒田作品を通じて痛感させられます。

最終的な演出家はお客様

本書では、「間」についてたびたび、師匠から学んだことや私の考えを述べてまいりました。

「神様の贈り物」改め、だいぶ変更した（黒田先生はそんなに変わっていないと言い張る）だいたいほとんど新作の「鉢巻地蔵」は、「間」をどうまく使って登場人物の性格を表していくのかが、非常に大切になっている作品です。

この作品の特徴は、登場するキャラクターが全部違うこと。「えっ、古典落語だって登場するキャラクターは、それぞれ違うでしょ?」と、思われるかもしれません。たしかに古典の場合も、登場人物が多い噺はあります。

しかし、たとえば八っつぁん、熊さん、辰公《たつこう》といった長屋の住人たちは、その名前を聞いただけで、お客様がある程度、人物を想像できます。八つぁんがインテリで上品な男のわけがない。辰公が書道の大家、であるはずもない。

そんなふうに、落語の場合、名前によって人物のキャラクターがかなり表されていて、お客様もそれを知って聴いてくださいます。もちろん、それでも人物の違いはきちんと表現しなければなりませんが、ラクと言えばラクなのです。

ところが、この「鉢巻地蔵」の場合はキャラクターが全部違う。地蔵も二人。二人っていうのはヘンですかね。二地蔵?

それから、町の人々が総勢10名以上。そこには、古典落語に出てくる八っつぁんや熊さんはいないのです。黒田先生はこうおっしゃっていました。

「たくさんの古典落語を演じてこられ、引き出しも数多くある師匠のことですから、楽勝でやってくださるだろうと思っていました。ところが、『あ、そうか。こんなにキャラクターがハッキリ違った人物がたくさん登場する落語は、大長編の噺以外にそうはないんだ』ということを、師匠の反応で初めて知りました」

私にたくさん引き出しがあるかどうかは別として、黒田先生は、私が人物を描くのに苦労していると、「この男は、たとえば、『文違《ふみちが》い』の色男みたいな感じでなされば？」などと、古典落語の登場人物になぞらえてヒントをくださいます。「そうか、その手があったか。古典落語に出てくる人物の色を足せばいいのか」。目から鱗です。

なぜなら、噺家は先ほど言ったような、大家、熊、八、与太郎なんていう、名前を聴いただけで、その人物の性格や暮らしぶりがわかるような人物造形の手立てはあります。ところが、まさか、ひとつの噺に出てくるキャラクターを他の噺、ましてや新作に転用するなんていう発想は私にはなかったからです。

そう言われたからといって、すぐに「そうですか。それでは」と、色男を出せるわけもないのに、ZOOMの画面の向こうで敵は待っている。さあ、どうぞ、と言わんばかりに。マジックのダーク広和《ひろかず》さんじゃあるまいし、ポンポン違うキャラクターを「ほら！」と出せるものではないのです。

黒田先生にとっては、古典落語の登場人物も一人の人間として見えていて、新作を書くときも、さん喬のあの噺のあんな人物、というふうに人物設定や配役をしている。ZOOMでの息も絶え絶えになるくらいキツイ稽古をクリアしていくうちに、「ああ、なるほど、この人物に作者が込めたいのはこういう性格なんだな」とか「ここは、こういう『間』で表現すると面白いのか」と気づきました。

古典落語でも、私は人物の特徴を鮮明に表すことを念頭にやってきたのですが、この新作の稽古を通して、改めて人物を描くことが大事で、声色を使いすぎたり、表現過多になったりすることは避けなければいけないのだと学びました。

そうして、噺の内容をまったくご存じないお客様の前で演じてみて、こちらが思っていた以上に噺の内容や面白さがお客様に伝わった実感が得られると、初めて新作が自分の腑に落ちていくわけです。

結局、最終的な演出家は、お客様なんだなあと思います。黒田先生も常々そうおっしゃっています。ときどき、作者も演者も、まさかそんなところで笑うとは予想もしなかったところで、お客様が噺の筋を先読みして笑ってくださったりすると、つくづくお客様は偉大な演出家だと感じます。

また本番では、お客様の反応は笑いばかりではなく、じっと聴き入っていたり、ハッと息を飲んでおられる様子も高座から肌で感じます。ですから、高座にかけることで初めて、自分の理解のみならず、お客様が噺をどう理解するのかがわかり、そこで初めてひとつの作品が完成するのです。

新作だけでなく、古典のネタ下ろしなどもそこが本当に難しいし面白い。だからこそ、私は稽古で頭がクラクラになりながらも、新作や、やったことのない古典のネタ下ろしにチャレンジするのです。

努力する私って、エライでしょ……なんちゃって（笑）。

創り手が込めた意図をどこまで読めるか

落語の特徴の一つとして、演出家がいないことが挙げられます。演出、脚本、主演はもとより、助演、エキストラ、下手をすれば犬、猫、狸、うわばみの演技から音楽監督まで、全部自分でやらなければなりません。照明は小屋の担当者に頼めば、途中で暗くしてもらえたりしますが、落語は基本、照明の変化はなしですから、「ああ、日が昇ってきた」、「すっかり暗くなっちまった」と、台詞で明るさを表現します。

私は、舞台効果の演出はともかく、噺の表現に関しては、落語にも演出家という立場の人がいてもいいのではないかと思います。たしか、亡くなった小三治さんもそんなことを書いておられたような。

古典落語は、それこそ何百人どころではない何千人もの先輩たちが、長い年月にわたって手を加え、語り継いできたことによって、仕立て上げられたものです。言わば大勢の演出が加わって今の形になってきた。それを現代のわれわれがいじくり回すというのは、あまりよくないと思っています。

古典落語に向き合う姿勢は、あくまで当代の噺家としての自分が引き継ぎ、それを次代の噺家に委ねるだけです。とは言え、ときに、どう演じるのが正解なのか、どうすれば代々語り継がれた噺の真髄をお客様に伝えられるのか、そんなことを相談できる演出家がいたらなあ、なんて思ったりします。

一方、新作には創り手の意図が込められています。たとえば、うちの喬太郎や、三遊亭白鳥《はくちょう》さんや柳家小ゑんさんたちは、何らかの自分の意図を作品に込めています。ですから、彼らの噺をやらせてもらいたかったら、作者であり演出家でもあり、また演者でもある彼らの存在は重要です。創り手の深い意図が聞けるのに聞かずにやるのは、もったいないと思います。

今、若い後輩の落語家たちは、新作を創った噺家のところに、「この噺を教えてください」と気軽に稽古に行きます。その際に、創った人の意図までちゃんと汲《く》み取って演じている人が、一体どれくらいいるのでしょうか。

面白いくすぐりのところだけをやりたくて、作者がその噺を創った意図まで掘り下げて教わらないとしたら、やはり、作者兼演出家兼演者であるオリジナルの芸を超えることは難しいのではないかなあと思います。偉そうなことを言ってごめんなさい、という話ですが……。

ともあれ、新作落語を創った人が「俺、こういうつもりで作ったんだ」とか「ここはこういうふうにして。こっちはこうしてほしいんだ」というように、意図も伝える場があればいいのに、と思います。落語界は、自分が創った新作を他の噺家さんがやってくれた場合、「こないだ、やってくれたって聞いたよ。ありがとうね」のひと言で終わってしまうことが多いような……。

それは、秘伝を教えたくないからなのか、自分の噺とはいえ人の芸に口を出すのは失礼と思うからか。あるいは、他の人が演じてくれることで、自分の噺が広まっていくことへの噺家流の感謝の気持ちの表れなのでしょうか。

長い目で見ると、「あそこはこうだよ」と率直に教えられる、またそれを素直に聞く、そんな先輩後輩の関係ができると、今の新作がいろいろな人によって練り上げられて、やがて古典になっていくのではないかと思います。

ほのぼの噺が解釈一つでシュールにも

黒田作品に「月見穴《つきみあな》」という噺があります。キツネ捕り用の穴に落ちた二人が、互いの姿が見えぬまま会話をする姿を描いた噺です。設定として二人ともずっと穴のなかですから、上下《かみしも》（左右）には振れません。お客様にそれがわかるのは終盤以降ですから、そこへ行くまでの演じ方が難しいのもこの噺の特徴です。二人がともに見ているものは頭上の月だけ。だから「月見穴」なのです。

孫に会ってきた帰り道に穴に落ちた片方の男が、姿が見えない相手に「孫っていいよね。あんた孫いるの？」と話しかけ、「いや、いねえ」、「でも、孫ができたら楽しみだよ」という、ほのぼのとした会話が繰り広げられます。

この噺、一人ずつが穴に落ちたシュールな状態をメインに描くと、人間誰しも孤独な存在だということを強調した噺になるし、穴に落ちて危機的状況であるにもかかわらず、「孫って可愛いよねぇ」なんて呑気なことを言って月を眺めているほうを強調すると、ほのぼのした日本昔話みたいになります。

黒田先生に創作意図をうかがったことはありませんが、「月見穴」の場合、やり方によって、こんな二つの解釈が可能になります。今後、この噺が後世に継承されていくとしたら、どっちの解釈、どっちの表現が残っていくのでしょうか。ちなみに、私のやり方は、ほのぼの系です。

古典には手本がたくさんあります。「文楽師匠はこうやってたけど、圓生師匠はあんな感じだったよな」とか「先代の正蔵師匠と圓生師匠のを比べると、俺は圓生師匠のやり方のほうが好みだな」というような感じで、参考にすべき選択肢がたくさんあるわけです。

古典落語は長年の歴史のなかで創り上げられたものですから、特定の作家は存在しません。もちろん、最初に創った人はいるでしょうが……。

仮に、最初に創った人を特定できたとしても、その人は「ああやれ、こうやれ」という演出はしていません。落語の速記本には仕草に関する簡単なト書きはあっても、演劇のように場面設定や人物に関する説明は残っていません。でも、そのおかげで、作品の幅も演者の幅も広くなって、みんなが手がけられるようになったのでしょう。

説明過剰で失われる光景

榎本滋民先生や黒田先生作のお芝居、故野村万之丞《のむらまんのじょう》さんプロデュースの芝居『牡丹灯籠』など、何本か舞台に出演させていただいたおかげで、お客様に落語の背景にある景色を見て、共有していただくということの大切さを考えられるようになったと思います。第3章でも触れたように、落語の世界でそういう要素が強くあるのが、うちの師匠、小さんの落語です。

うちの師匠のしゃべり方は、過剰な演技、いわゆるクサい演技はせず（でも、若いころはそうではなかったようです）ボソボソ、ボソボソというものですが、景色はちゃんと見えます。人物がどこにいるのか。どんな街並みなのか。このうどんは、どのくらい熱く、どんな喉越しなのかといったことまで聴く人に伝わります。

お芝居なら大道具や小道具が、背景を細かく説明してくれますが、私たち噺家は、それらすべてを言葉だけで表現していかなければなりません。

その一方で、説明過剰になってもダメです。たとえば湯飲みを持ち、「お前がちゃぶ台に置いた、この青い湯呑に注がれた熱いお茶を一気に飲んだら、口のなかをやけどしちゃったよ」と語ってしまったら、それは、お客様に想像の余地をまったく与えないことになってしまいます。

つまり、説明すればするほど、お客様それぞれが見られたはずの景色を、逆に限定して、想像する余地を奪ってしまうことになりかねないのです。


落とし噺の名作「らくだ」。これはご存じの通り、長屋一の乱暴者で嫌われ者の「らくだ」がフグの毒にあたって死んだことから始まる噺です。

死んだらくだの元を訪ねてきた兄貴分どぶろくの正《まさ》(すごい名前でしょ)が、らくだの弔いのために気弱な屑屋を使って、長屋の連中から通夜の酒肴、弔いの費用、果ては棺桶まで脅し取り、自分は一銭も使わずに火葬までしようとするという、ドタバタを描いた名作です。

ところが、題名にもなっている主人公ともいえるらくだが生前、どんな乱暴者で一体どうしてフグを食べて死ぬことになったのか、まったく描かれていません。まあ、幕開きから死んじゃっているわけですから、当然と言えば当然ですが。

黒田先生は、「らくだ」の前づけの新作「らくだの馬」（初演時は「駱駝の馬」）でその乱暴ぶりを描いて、長年お客様が不思議に思っていたであろうことを解き明かしてくれました。ちなみに、「らくだ」はあだ名で本名は「馬《うま》」、だから「らくだの馬」なのです。

新作では、在りし日の馬は、流しの豆腐屋から豆腐を買っても代金を払わずに、「あそこの八百屋に預けておくから」と豆腐屋をだます。そして、八百屋と魚屋もだまし、その魚屋からタダでせしめたフグの毒に当たって死にます。

新作の会でやったこの「らくだの馬」のZOOM稽古では、黒田先生とはほとんどケンカ寸前と言ってもいいくらいすり合わせに苦労しました。怖かった（笑）。

揉めた原因はこうです。

豆腐を買うにあたって、細かいカネがないと言うので、「ほら、あそこの八百屋が友だちだから、あそこでくずしてもらっておくから」と豆腐屋に言う場面での距離感の出し方です。黒田先生は、「師匠のやり方だとあそこの八百屋が近すぎて、『じゃ、今行ってくずして来てください』と言われかねない」とおっしゃる。

しかし、噺家である私の感覚で言うと、

「江戸の路地は狭くてそれほど離れていませんから、八百屋が近くにないと江戸っぽくないです」

「いえ、そんな時代考証はこの際いいから、もっと距離感を出してください」

「でも、江戸の街の風景を出さないことには落語にならないから」

ZOOMでなかったら、つかみ合いのケンカ……ってまさか。でも、ちょっとしたことで距離感がホントになったり、ウソになったりするものなんだと勉強になりました。小さん師匠の言っていた「本当はウソ、ウソは本当」という言葉を、まさに地で行くような話です。

議論の末、結局、八百屋が1軒目の真向かいではなく、6軒も7軒も先にあることを、手を斜め先に向けることで表現し、「おーい」と、八百屋のほうへ声をかけることで落ち着きました。江戸の街だからさほど遠くはない（さん喬説キープ）、でも、八百屋の反応があるほど近くはない（黒田説キープ）。そういうやり方で、近いような遠いような距離感を出しましょうということで、ようやく折り合いました。

もう一つは、芝居と落語の違いを感じた仕草の処理です。馬が豆腐屋からだまし取った豆腐二丁を土鍋に入れて持っている。小道具がない落語だと、噺の適当なところで土鍋はどっかそこらに置きます。というか、置いたことにします。

しかしながら、それも芝居的感覚からすると許されないようです。「師匠、今、土鍋、落としました」と言われてしまう。また、「豆腐が二丁にお水も入れるでしょうから、もっと重たいはず」と、土鍋を持つ感覚まで、丁寧に演技で再現するよう指導されます。いちいち（笑）。

「じゃあさあ。豆腐二丁と水の入った土鍋を持って行った先の八百屋でネギをせしめて、挙句に隣の魚屋でフグ一匹せしめる場合、あたしはそれらをどうやって持てばいいわけ？」

そんな言い方こそしませんが、そんなような問いかけをすると、「テキトーにごまかして」と。そこでは意見が一致しました。

とりあえず、豆腐二丁と水の入った土鍋を重たそうに持ち、ネギを小脇に抱え、フグを口にくわえさせられなくてよかった(笑)。

志ん朝落語の知られざるディテール

私の目から見て、芝居の素養を落語に生かしていたのが志ん朝師匠です。志ん朝師匠は、落語と並行して芝居をずっとやっていました。志ん朝師匠が、しばらく芝居に出てから寄席に戻ってくると、落語の演出が変わっていたことをよく覚えています。「あれ? このあいだまでやっていたやり方と違うぞ」とすぐにわかりました。それはもちろん、芝居の影響です。

そんな志ん朝師匠からあるとき、この本の第3章で紹介した「文七元結」で、長兵衛からもらった五十両の財布を文七が叩きつける場面を教わりました。志ん朝師匠は舞台の「文七元結」で、私も敬愛する喜劇役者、三木のり平さんと共演していました。

まず、志ん朝師匠からこう聞かれました。

「長兵衛が五十両を叩きつける場面で、のり平さんはどんな演出したと思う?」

見ていないのですから、私は答えようもありません。

「のり平さんは、『こんなもの』と財布をたたきつけようとして振り上げた瞬間、財布の中から小判がバラバラバラバラッて落ちるという演出をしたんだよ」

実際に、志ん朝師匠が演じてくれました。それは、映像としてはすごい演出です。

でも……。

「落語でバラバラバラバラッて、できないだろ」

おっしゃる通りです。高座で小判をバラバラと落とすことなんてできません。私はそれに匹敵する演出はないかと考えました。考えに考え抜いた挙句、あるときの高座で、「こんなもの! こんなもの!」と、財布を叩いたのです。

つまり、財布を叩いたところ「あれっ?」となり、なかを確かめたら五十両が入っていたという演出をしたのです。それを、前章で紹介した劇作家の榎本滋民先生が見ていて、

「いやあ、『文七元結』で、音で五十両を表したのは君だけだね」

と感心されました。あれは、たぶん、ホントに感心してくれたんだと思います。

これは、志ん朝師匠が芝居で経験された演出方法をうかがったからです。しかしながら、今はその演出はやっていません。落語の語りで長兵衛が五十両持っていることをお客様は知っていますから、あえて小判の音を想像させなくてもいいと気づいたからです。


志ん朝師匠の落語には、他にも細かいところに芝居の影響が表れています。たとえば、花の季節に京都の愛宕山《あたごやま》へ芸者、幇間《たいこもち》を引き連れていく旦那一行の様子を描いた「愛宕山」です。的に向かって素焼きの皿を投げる「かわらけ投げ」に興じる際、旦那は皿ではなく小判を投げようと準備してきました。

そこで、懐から三十両を出すのですが、たとえばこの噺を得意とした黒門町、文楽師匠は普通に小判三十両を懐から取り出しておられました。

ところが、志ん朝師匠版は違います。懐から取り出した三十両は袱紗《ふくさ》に包まれています。袱紗のなかから小判だけを取り出すと、残った袱紗を手のなかで畳む仕草をしたのです。そして、それを再び懐へ戻す。やはり芝居の経験があるので、細部に至るまで演出が行き届いています。たしかに、大店《おおだな》の旦那が小判をむき出しで懐に入れているのは、粋ではありません。でも、もちろん黒門町は他の形で「粋」を表していました。

芝居経験のおかげで、私も細部にも気が回るようになりました。たとえば、徳利《とっくり》を手にし、「まあ、おひとつ」とおちょこに酒を注いだら、徳利をまた同じ場所に戻す。あるいはモノを置くにしても、その高さにも気を使います。うっかりすると、先ほどの土鍋のように、いつの間にか消してしまうか、何でも床に無造作に置いてしまいますので、そんなところにも神経を配るようになりました。

置く場所の高さも、お椀やお皿なら大概お膳に載せられているはず。ですから、お膳の高さを考慮しなければなりません。また、茶碗とおちょこではサイズが違うので、手に取る際の高さも変わります。

碁盤にしてもそうです。ご隠居というような人が碁を打つときには、脚のついた分厚い碁盤ですよね。床に置く板のものではないでしょう。だから、碁を打つときも、お膳と同じように高さを意識しておかなければいけません。ときどき、やっている途中で、「おっ、低すぎだな」と思ったら、バレないようにだんだん高さを修正したり(笑)。

芝居で実際にものを使って演技した経験や、あるいは観劇経験を自分のなかで咀嚼して初めてわかることが多い、というお話でした。昔から、「役者は落語を聴け、落語家は芝居を観よ」と言われているのは、そういうことなんですね。

〝架空の人〟を意識するという意味

このように私は、新作落語、黒田作品にチャレンジすること、そしてお芝居にも参加することで、人物を使い分けることがどれだけ大事かということを学びました。

歌舞伎の世界には「七変化」といって役者が、一人何役も演じることがありますが、基本的に普通のお芝居であれば、役者は一人の人物を演じるわけです。ですから、役者はその人物像を掘り下げていけばいい。そしてそのうえで、目の前にいる相手役とからんでいくわけです。

他方、落語で相手にするのは、常に自分にもお客様にも見えない〃架空の人〃です。ただし、この架空の人を意識するかしないかで、噺の質が変わってきます。何も意識しないと、何となくそのあたりにいるであろう人に話しかけているだけになってしまいます。しかし、架空の人の〃立ち位置〃をしっかりと意識してセリフを投げかけると、お客様にも目に見えない人物や風景や空間がより伝わりやすくなるのです。

たとえば、「隠居さん、こんちは！」、「なんだい、八っつぁんじゃないか」という単純なセリフ。これも「こんちは！」と言ったときに、八っつぁんの目の前のどのあたりに隠居さんいるかをハッキリ意識してやります。すると「なんだい、八っつぁんじゃないか」という隠居さんのセリフを言うときも、今度は八っつぁんのいる場所がハッキリしてくるから、お客様には二人の人物が見えるわけです。

隠居さんのセリフを不用意にやってしまうと、隠居さんがまるで八っつぁんが来るのを待っていたかのようになってしまいます。たまたまそこにいたのか、奥にいたのが八っつぁんの呼びかけに応じて出てきたのか、そんなことも自分のなかできっちり設定しておかないと、人物の位置関係が曖昧になってしまいます。

実はこれは、舞踊にも通じます。踊りの場合、振りで〝架空の人〟に話しかけるイメージなのです。舞踊でもやはり、位置関係、距離感を明確にすることは大事です。

第4章の最後で触れましたが、私は「笠碁」の芝居版『憎さも憎し、なつかしし』で文学座の坂口芳貞さんとご一緒しました。今、落語で「笠碁」をやるときには、碁盤の向こうに坂口さんの姿があります。ケンカして子どものように言い合うときの、坂口さんの口を尖らせた顔、表情、あの声。雨のなか、菅笠《すげがさ》をかぶって店の前をウロウロしている、あの滑稽な姿。仲直りしたときのうれしそうな顔……。

坂口さんとは、そのときが最初で最後の共演でした。2020（令和2）年2月に坂口さんの訃報をうかがったときには、私は本当に碁仲間、碁仇を失ったような、そんな気持ちになりました。ですから、今、「笠碁」をやるときの私の碁の相手は、〝架空の人〟ではなく坂口さんです。

落語の芝居版といえば、「親子酒」を正蔵さんや弟子たちと芝居にしたことがありました。脚本・演出は黒田先生で、『ぐるぐる回る親子酒』という楽しい鹿芝居《しかしばい》（噺家が演じる芝居のこと）です。私は親父の役、女房がうちのやなぎ、酔っぱらって帰って来る息子が正蔵さんでした。ただ、坂口さんと違って、落語で「親子酒」をやるときには、彼らの顔は絶対浮かびません（笑）。

落語は人が１００％

私は昔から人を見るのが好きでした。ベンチに座って、道を歩いている人をずっと眺めていても、一向に飽きません。だからでしょうか、街中を歩いていると、「ヘンな人」とか「不思議な光景」がパッと目に飛び込んでいきます。

噺家になってすぐのころのこと。デパートでギフトセットのバラ売りセールを行っていました。そこに、蕎麦つゆの缶を大事そうに持った初老の男性がいました。どこでお金を払ったらいいのかわからず、戸惑っている様子でした。

その姿を偶然見ていた私の目に突然、涙があふれてきました。もちろん「うぇーん！」

芝居『ぐるぐる回る親子酒』の様子。真ん中がやなぎ、左が正蔵さん。

2014年、文学座の坂口芳貞さん（右）と共演した芝居、
黒田先生作『憎さも憎し、なつかしし』のワンシーン。
写真下撮影：寺師太郎

と声に出して泣いたわけではありません。なぜだか、心にジーンときたのです。

果たしてあの人は、家へ帰って一人でお蕎麦を食べるのだろうか。それとも、「ヨシコさん。今日はね、蕎麦つゆ買ってきたから、悪いけど蕎麦茹《ゆ》でておくれ」と、お嫁さんに言うのだろうか。あるいは、「お婆さん、今日は蕎麦でも食べようじゃないか。デパートでつゆ買ってきたよ」と、奥さんと二人っきりの食事を楽しむのだろうか、と。

たった一つの蕎麦つゆ缶から、その人の人生の一場面がとめどなく浮かんできたのです。そして、そのどれもが何となく心温まる光景だったため、うれしくなってジーンときてしまいました。はたから見たら、私こそ「ヘンな人」だったかもしれません。蕎麦つゆを持っているおじいさんを見て、泣いているわけですから(笑)。

それ以来、「人を見るのは大切なことなんだなぁ」と思うようになりました。

落語に関してもそうです。たとえば、八っつぁんはさまざまな噺に登場しますが、だいたいに共通する八っつぁんキャラはあるにしても、すべての噺でまったく同じ八っつぁんではありません。

黒田作品でもそれは一緒です。そして当然、作品で描かれている主題は、100%

と言っていいくらい人なのです。その反面、作者が見ている人を忠実に再現して演じるというのは非常に難しいことですから、黒田作品を演者として創り上げるのはとても苦しいです。本当に苦しいです。二度言いました（笑）。

古典だけやっていればいいのに、なぜ、私は新作をやるのでしょうか？

自分でもよくわかりませんが、新作落語を突き詰めていこうとか、そんな大それた考えはありません。その反面、自分のなかで新作は、非常に大事な部分を占めていると思います。

古典落語にはない、あるいはあったのかもしれないけれど、さほど気に留めていなかった人間のさまざまな面を、新作を通して再認識できる。そして、自分が慣れ親しんできた落語の手法ではない方法で表現してみる。一つひとつの作品とのかかわり合いが大事ですし、それらは自分を高めるために必要だと考えずにはいられないのです。

一方で、師匠、小さんの噺もどんどん後世に伝えていかなきゃいけないなとも思います。つまり、新作をさらに仕上げていくことも大事ですし、同時に小さんの噺を後世に伝えることも、同じく私にとって重要な仕事なのです。

日付	ジャンル	演目名	会場
2010. 8.16	落語	こわいろや	鈴本演芸場
2011.8.9	落語	おしゃべり往生・ こわいろや	雲光院本堂
2011.9.12	落語	月見穴	雲光院本堂
2012. 1.27	落語	錦絵女房他	ストライプハウスギャラリー
2014. 3.16	芝居	憎さも憎しなつかしし	ストライプハウスギャラリー
2015.10.26	落語	おしゃべり往生	雲光院本堂
2016. 6.28	芝居	ぐるぐる回る親子酒	鈴本演芸場
2018. 1.14	芝居	新釈明烏	なかのzeroホール
2018. 3.31	芝居	新釈明烏	鈴本演芸場
2020. 9.8-10	落語	塩原多助一代記	日本橋公会堂
2020.10.4	落語	パロディ雪女	小泉八雲記念館
2020.11. 4	落語	お藤松五郎	浅草見番
2020.11.25	落語	塩原多助一代記	深川江戸資料館
2021. 10. 9	落語	塩原多助一代記	銀座ブロッサム中央会館
2021.11.13	落語	パロディ雪女	雲光院本堂
2021.11.30	落語	こわいろや	浅草見番
2022.11. 3	落語	くわばら・月見穴・ おしゃべり往生・ 干しガキ	国立演芸場
2023. 2.26	落語	**恋の夢❼**・ おしゃべり往生・ らくだの馬・干ガキ	中電ホール
2023. 5. 8	落語	恋の夢・ **鉢巻地蔵❽**・ らくだの馬・ こわいろや	日本橋劇場
2023. 6.10	落語	らくだ・前付	よみうり大手町ホール

※太字は次ページに解説があります

柳家さん喬・黒田絵美子コラボ作品上演記録
(タイトル表記は公演パンフレットによる)

日付	ジャンル	演目名	会場
1998. 1.10-18	芝居	白いカラス	銀座みゆき館劇場
1998.12.4-13	芝居	天使の庭	ストライプハウス美術館
1999.12.19	芝居	サクラガサイタ	なかの芸能小劇場
2000.10.10	落語	**干しガキ❶・くわばら❷**	なかの芸能小劇場
2001.11.18	落語	干しガキ	鈴本演芸場
2002. 3.27	落語	干しガキ	三越劇場
2002. 5.20	落語	**おしゃべり往生❸**	雲光院本堂
2002. 7.27	落語	おしゃべり往生	池袋演芸場
2002. 8.20	落語	おしゃべり往生	鈴本演芸場
2002.10.26	落語	**月見穴❹**	池袋演芸場
2003. 1.26	落語	おにあい	池袋演芸場
2003. 3.15	芝居	ショパンの宵待草	雲光院本堂
2003. 4. 8	落語	くわばら	国立演芸場
2003.5.10	落語	干しガキ	雲光院本堂
2003. 7. 26	落語	**こわいろや❺**	深川江戸資料館
2003. 9. 6	芝居	北の人魚	南青山曼荼羅
2004. 1. 31	落語	神様の贈り物	深川江戸資料館
2004. 3. 13	落語	こわいろや	かまくら落語会
2004. 4.10	落語	花見の名人	深川江戸資料館
2004. 7. 11	落語	**駱駝の馬❻**	深川江戸資料館
2004. 8 17	落語	こわいろや	鈴本演芸場
2007.12.23	落語	干しガキ他	ストライプハウスギャラリー
2008. 4.30	落語	干しガキ	国立劇場小劇場
2008. 8.15	落語	干しガキ	鈴本演芸場
2010. 1.12	落語	こわいろや他	ストライプハウスギャラリー

❺こわいろや

芝居『ショパンの宵待草』稽古中、わたしが楽屋に置いていた本『知らざあ言って聞かせやしょう―心に響く歌舞伎の名せりふ』（赤坂治績著　新潮新書）をさん喬師匠が休憩のたびに声に出して嬉しそうに読んでおられたのを見て、このくだりを気持ちよく演じられる新作を創ることにした。また、『シラノ・ド・ベルジュラック』のような口パクの場面をさん喬師匠が落語でどのように演じられるのか、そこに新奇性があると考えた。

徳が竹兄ぃに代わっておきみに告白するセリフの細部はさん喬師匠作。

❻駱駝の馬

落語協会が新作募集を開始した年（だったと思う）に応募作品として提出した。落選。しかし、さん喬師匠が高座にかけてくださり落語マニアのお客様に大変受けた。最近、再演が重なり、「らくだ」の前付として認知されつつある。2023年6月10日の「さん喬十八番」では、謡「高砂」から始め、「かんかんのう」を踊りながら退場するスタイルを初演した。なお、初演時のタイトルは「駱駝の馬」で以降「らくだの馬」。

❼恋の夢

名古屋で新作の会を（2023年2月26日 あきつ落語会）とのことで、その会のために書き下ろした。「月見穴」のように冒頭、緞帳の内で音楽と陰マイクによるアナウンスというスタイルを目指した。このスタイルで開始するとお客さんの興味関心を強く引き寄せることができる。

「夢の酒」のロングバージョンをなさるときにどのような場面を描いたら良いかとの相談があったことから、「夢」と「うつつ」の世界の境目を描くことに興味がわき、音楽とともにそれを表現しようと思った。最も効果的に夢のような世界に誘える楽曲として韓流ドラマ『冬のソナタ』のテーマ曲を選んだ。主人公が夢で見た「恋」のモードに入ると音楽が鳴るというパターンをお客さんが想像以上に素早く理解してくれたことに師匠とともに驚いた。

噺の終盤には、以前、「おにあい」（2013年）というタイトルで口演された噺の一節を組み入れた。

❽鉢巻地蔵

以前、「神様の贈り物」（2014年）というタイトルで口演されたものをさん喬師匠が再演（2023年5月8日）なさりたいとのことで改訂を加えた。Zoomで5回の稽古をした。落語にしては登場人物が多すぎるため師匠が演じ分けに苦労されていた。長編物（45分）。

地蔵二体、八百屋、酔っ払い、長屋のトラと熊、豆腐屋、子どもと母親、ヤクザ、それぞれに違うキャラクターを演じ分けた。

柳家さん喬・新作落語作品解説

❶干しガキ

秋元松代作『常陸坊海尊』のミイラに着想を得た作品。

乾き（渇き）と潤いとの対比の物理的な表現から心の空白と充足という精神的なテーマへの移行を狙いとした。新作落語としては処女作。第一稿は、情景描写が多く、師匠よりダメ出しを受けた。町の寒々しい風景を長々と語るより、登場人物の台詞として「おお、寒い！」と表現すればそれで済むという落語の表現手法を学んだ。

❷くわばら

辞書で「くわばら」とはどんな意味だろうと調べたところ、「桑畑には雷は落ちないとされているため」との説明があり、面白いと感じて書いた作品。さん喬新作集の中で唯一の背広もの。

❸おしゃべり往生

さん喬師匠が二ツ目の頃から落語会（あおい落語会）を開催しておられる深川の雲光院で新作をなさりたいとの依頼を受け、お寺にちなんだ話をと思い執筆。わたしの母が朝起きた瞬間から夜眠りにつく直前までずっとしゃべっている人であるため、そのような人物を主人公にしようと思った。この噺を聴いたさん喬師匠の親友渡辺さんも同様な性格であり、彼は「この噺のモデルは俺だよね」と思い込んでおられるので否定はしていないが、実は母である。奇しくも、本番の数日前2002年5月16日に五代目柳家小さん師匠が突然亡くなられたため、稽古はあまり出来ずに臨まれたが、堂内が揺れたかと思うほど爆笑の渦であった。当日は雲光院住職（当時は副住職）が小さん師匠の仮位牌を作って祀ってくださった。

「遠くて近きは男女の仲、近くて遠いは風呂屋の富士山」というくすぐりは、思いついたときにメールを送り、師匠から「採用」とのお返事をいただいた。

❹月見穴

夏目漱石著『二百十日』の中で、碌さんと圭さんが阿蘇山へ登った際、大柄な圭さんが穴に落ち、虚弱体質な碌さんがこうもり傘の柄と帯を使って引っ張り上げる場面がある。これに着想を得て、「もしふたりともが穴に落ちていたら？」と考えて執筆した。落語の上下（かみしも）の表現が使えないとしたら。ふたりが共通して見ているものが月だったとしたら。

この作品の初演は池袋演芸場であったが、サゲにつなげるために冒頭に「十六夜（いざよい）」の説明をする必要があり、ここをベートーヴェンの「月光」とともにさん喬師匠のナレーションで語っていただくことにした（この舞台稽古の音がスピーカーがオンであったためすべて外に漏れていたというエピソード有）。さん喬師匠の親友で当時末期ガンを患っていたKさんはこの噺を「いいねえ」としみじみ言っておられた。小学生の娘を残して旅立たれたことを思うと、「孫は可愛い」という登場人物の言葉をどのように聴いておられたのかと、さん喬師匠ともたびたび話した。

新作落語作者から見た柳家さん喬師匠

黒田絵美子

一　最初から今まで

わたしが初めてさん喬師匠から新作落語の執筆依頼を受けたのは、二〇〇〇年、「さん喬一族の陰謀」（中野芸能小劇場）での公演に向けてのことでした。その後、現在に至るまでのさん喬師匠との新作落語づくりは、大きく三期に分けられます。

第一期はその中野での公演のために書いた「干しガキ」と「くわばら」です。さん喬師匠と出会う少し前まで、一五年間、英米演劇の上演台本翻訳の仕事をしておりましたが、一九九八年に以前わたしの翻訳作品に出演された女優の三好美智子さんより依頼を受け、初めての戯曲『白いカラス』を書いて演出もいたしました。さん喬師匠は三好さんの長年のご友人であり、キャスティングの際、三好さんの強いご希望により「詐欺師の布団屋」役としてさん喬師匠に出演依頼をしました。

それをきっかけに同じ年にわたしの別の戯曲『天使の庭』にも「箱庭療法に取り組む失語症の八百屋」の役でご出演いただき、その後も折に触れて季節の挨拶状をやりとりする中で、「黒田さんに新作落語をお書きいただきたい」と師匠からご依頼を受けたわけです。

落語など書いたこともありませんでしたが、もともとコメディの翻訳が多く、書いた戯曲もテーマはシリアスなものの表現はコメディタッチでしたので、さん喬師匠とまた楽しくお仕事が出来る良い機会だと思い、迷わずお受けしました。

「干しガキ」は、当時読んでいた秋元松代《あきもとまつよ》さんの『常陸坊海尊《ひたちぼうかいそん》』でミイラが蘇るという設定に驚愕を覚え、創作とはここまで自由な発想でやっていいのだ、むしろ、そこに作家のオリジナリティが発揮されるのだという学びを得た気がいたしまして、お湯で戻せる干物の猫やサルや犬、そして赤ん坊がいたらという発想から書きました。

この第一稿をお読みくださったさん喬師匠からは「とても面白い」とお気に召してくださった感想をいただく一方で、「このままでは落語になりません」とのダメ出しもいただきました。それまでほぼ落語に触れる機会がなかったわたしは、落語とはモノローグ（独り語り）の部分が多いものと捉え、冒頭から三ページほど、諸国乾物商い処のある町の風景や木枯らし舞う季節の情景描写に費やしておりました。

しかし、さん喬師匠によると、「この部分はね、（腕組みをして）『おお、寒い！』、これで済んじゃうんですよ」とのこと。目から鱗の教えでした。そして内心、『なんだ、それでいいのか』という感じでした。というのは、戯曲でもト書き（解説部分）は、俳優やスタッフに対して作品理解の指針となる説明ですので、書かざるを得ないものの書いていて楽しくはなく、やはり生き生きとした会話のほうに早く進みたいと思うからです。

落語は基本会話体で進行せよ、というさん喬師匠からのご指示はわたしの間違った落語観と勝手な思い込みによるルールの束縛を瞬時に解放してくれました。

続いて書いた「くわばら」は、何か題材はないかと分厚い広辞苑をパラパラめくっていて、カ行のところへ来たときに、『そうだ、「くわばら」ってどうして「くわばら」なんだろう』と思ったことがきっかけでした。

雷は桑の畑には落ちないという言い伝えから、何か危険が身に迫ったときには、「くわばらくわばら」と唱えるとそれが雷に伝わり、『ああ、あそこは桑畑なんだ』と思って雷が落ちるのをよす、ゆえに人間は雷から身を守れるとの言い伝えがあると知り、面白いと思って、落ちて来るほうの雷を主役にしました。師匠はお手製の雷扇子と雷手拭いでこの作品を演じておられます。

第一期の二作に始まり、現在に至るまで、さん喬師匠から噺の内容自体のダメ出しを受けたことは一度もありません。これは作者としては非常に有難く、勇気づけられることでした。もし、「こんな噺は出来ません」とか「やりたくありません」と言われていたら、もともと落語の戯作者ではないので気持ちがしょげて新たな作品づくりに取り組む気持ちも萎え、新作落語執筆を続けることはなかったと思います。

第二期は師匠が挑戦的意欲に満ち溢れていた時期で、二〇〇二年から二〇〇四年まで、年に三回の「さん喬を聴く会」で必ず一本は新作を入れるとお決めになって口演なさっていた時期です。今回、本書でさん喬師匠の新作についての文章執筆を、とのご依頼を受け、過去の資料を探してビックリ。こんなに短期間にこんなにたくさんの新作をなさっていたのかと驚きました。師匠にもその事実をお伝えしたら、師匠ご自身も驚いておられました。この時期は、新作落語以外にもわたしの戯曲にもたびたび出演されていましたので、今考えても、どうやってお稽古をされていたのか、超人技としか言いようがありません。

この第二期に生まれたのが、「こわいろや」、「月見穴」、「神様の贈り物」（後に「鉢巻地蔵」として改作）、「おにあい」（後に「恋の夢」の一部に挿入）、「花見の名人」、「駱駝の馬」（「らくだ」の前日譚）です。

それぞれに思い入れはありますが、特に印象に残っているのは「月見穴」です。

池袋演芸場で初口演しましたが、これを聴いておられた師匠の前座時代からの親友K氏が、当時、末期の癌であとどれぐらい生きられるかという状況でした。K氏にはまだ幼いお子さんもおられ、師匠はじめ周囲の人々は痛む心で残り少ないK氏との時間を大事に過ごしておりました。わたしは「さん喬を聴く会」のメンバーとなって日も浅かったので、K氏とはお話しもしたことがなかったのですが、「月見穴」を聴き終えたK氏がわざわざわたしのそばへいらして、「いいねえ」としみじみした口調でひと言だけおっしゃったのです。「月見穴」の冒頭では、穴に落ちた男が誕生した孫の可愛さを嬉しそうに語ります。きっとK氏はご自分では見届けられない娘さんの成長やその先にあるお孫さんの誕生に思いを馳せておられたのだろうと思います。

第二期の作品の中で師匠がその後も頻繁に（と言っても新作ですから古典落語に比べれば頻度は低いですが）高座にかけてこられたのは「こわいろや」です。『シラノ・ド・ベルジュラック』（エドモン・ロスタン作）がお好きだと何かの折に伺ったことと、芝居の稽古でご一緒した折に、楽屋にわたしが置いていた『知らざあ言って聞かせやしょう―心に響く歌舞伎の名せりふ』（赤坂治績著）という本を師匠が開いて、休憩のたびに大きな声で「知らざぁ言って」とやっておられたので、師匠は余程このフレーズがお好きなのだと思い、新作の中で存分に言えるようにしてあげようと思って書きました。

余談ながら、いざこれをかける段になると師匠は不安神経症が出て、『頭が真っ白になったらどうしよう』と、毎回、とても緊張なさるのだそうです。芝居の楽屋であんなに嬉しそうに「知らざぁ」とやっていたのに、『今さら緊張かい』と突っ込みを入れたくなりますが、口演なさる度に、「師匠、大丈夫ですよ。つっかえたりしませんから」と『やれば出来る！』エールを送ります。

「さん喬を聴く会」とは別に師匠が長く続けてこられた「あおい落語会」（雲光院というお寺での会）に新作をかけたいので何か書くようにと言われて、お寺だったらと考えて書いたのが「おしゃべり往生」でした。これも師匠は大変お気に召して、新作の中では一番高座にかけておられるかと思います。

人情噺の名手として知られるさん喬師匠ですが、「実は滑稽噺が好きなんです」とおっしゃっていて、お寺での上演ということでしんみりしたほうがいいのかなとも思いつつ、阿弥陀様も真っ青になるような全編くすぐり満載のこの噺を作りました。当時、連絡手段がファックスからメールに切り替わった頃で、面白いくすぐりを思いついてメールで師匠に送ると、「採用」とひと言お返事をいただきました。中でも自身がとても気に入っているのが、「遠くて近きは男女の仲、近くて遠いは風呂屋の富士山」というくすぐりです。銭湯に行く人が段々少なくなった今では、何のことかわからない人も増えてきているかもと思いつつ、メールで「採用」判定をいただいたこのくすぐりは残っていって欲しいです。

雲光院での初演は、思いがけず、五代目小さん師匠の急逝（二〇〇二年五月一六日）のすぐ後となりました。さん喬師匠はご葬儀で司会を務められ、稽古もままならぬまま高座に臨まれましたが、おしゃべりを生業とされた小さん師匠の大往生を讃えるかのように、堂内に割れんばかりの笑いの渦が巻き起こりました。わたしが雲光院を訪れたのはその時が初めてでしたが、お堂が揺れるかと思うほどの笑いというあの感覚、快感は今でも忘れられない思い出です。

第三期はつい最近始まりました。さん喬師匠から「新作だけの会をやってみたい」とのお話があり、二〇二二年一一月三日に実現しました。

この時は、過去に創った作品四作を口演されましたが、SNSなどでの評判を聞きつけた名古屋のあきつ舎さんが、名古屋でも新作の会をと要望されているとのことで、それなら二番煎じと思われないように新たな作品を足しましょうと書いたのが「恋の夢」です。これは、師匠に拒否されることも覚悟の上で実験的落語として書いた作品です。

その少し前に師匠が「夢の酒」の長いバージョンについてお話しされていたので、架空の恋への夢に浮かされて一日を過ごす男がいたとしたら、という設定で韓流ドラマの名作『冬のソナタ』の有名な曲を途中で入れつつ口演という、これまでの落語では恐らくなかったであろう音響の使い方をしました。

きっと師匠に蹴られる、拒否されると思いつつ、そっと入れておいた韓国語のフレーズがありましたが、まだ台本をお渡しする前、お電話で創作意図と概要をお話した際に、何か勘づかれたのか、師匠のほうから「韓国語は入れますか？」と聞かれたときには、『やっぱり、この人は只者ではない』と感じつつ、平静を装って当然のごとく、「はい、一部ございます」と答えました。多分、師匠もどうせなら韓国語を入れて欲しいと思われての質問だったのではないかと思っています。

噺を面白くして少しでも多くお客様を楽しませたいという、さん喬師匠の笑いへのあくなき追求の精神を垣間見た気がいたしました。

ちなみに、本節のタイトル「最初から今まで」はその『冬ソナ』のテーマ曲のタイトルです。

古典落語だけで充分過ぎるほどの評価を得ておられるさん喬師匠が、敢えて新作だけ四本という演目で会に臨まれるお気持ちになったのはなぜなのか、しかもなぜ今？　これはご本人にしかわかりませんが、わたしが師匠と出会ってから四半世紀、思えば新たなことへの飽くなき挑戦を続けてこられた日々でしたので、何かまたチャレンジ魂に火がついた時期を迎えておられるのでしょう。

新作四本シリーズは名古屋にとどまらず、ふたたび東京でなさるとの一報。『まだやるの？』と思いつつも、どうせなさるなら、また同じ噺かと思われるのも癪ですから、今度は長編新作「鉢巻地蔵」を書きました。これは、前述の第二期の時代に「神様の贈り物」という落語らしからぬタイトルで上演した作品です。

上演時間四五分ぐらいあるこの噺は、師匠を大変苦しめました。本書で師匠もこの件を語っておられますが、ここでは、わたしの言い分（笑）を聴いてくださいませ。

二　苦悩するさん喬師匠

落語は会話体で書けばいいんだ、それなら芝居とおんなじだ、とばかりに沢山の登場人物を縦横無尽に動かして会話させてきましたが、「恋の夢」にしても「鉢巻地蔵」にしても決定的に落語とは違う要素があることを、すべての公演が終わった後、最近になって師匠が吐露されました。『もっと早く言ってよ』という話ですが、もっと早く言われていたら、ふたつの作品は生まれなかったので、師匠が苦悶しつつもこの二作品の口演を成し遂げてくださったことに感謝しています。

その決定的な違いとは何か？　師匠の言葉を借りますと、「黒田さん、登場人物が多すぎます」でした。『えっ？　だって、落語っていくらでも登場人物出てくるじゃん？』とは言えませんが、素朴な驚きを持って師匠の言葉を受け止めました。「三軒長屋」にしても「花見の仇討ち」にしても、うじゃうじゃ人がいるのに。でも、考えてみたら、大勢人がいるように感じるのは、噺を聴いたわたしが頭の中で沢山の若い衆や花見客がいる風景を想像していたからなのでした。

一方、「恋の夢」では、思春期の男女、五歳と四歳の男女、年増女と色男、老夫婦の他に主人公の妻、友人、大家が登場し、それぞれの場面でドラマを展開します。師匠も本書で語っておられますが、コロナ以降、師匠もわたしもＺＯＯＭを使えるようになり、お稽古はＺＯＯＭでやりました。「師匠、それだと四歳の女の子には見えません」とか「思春期女子の嫌と言いながら喜んでいる感じをもっと」とかいう容赦ないダメ出しに、画面の向こうの師匠は七転八倒していました。でも、きっと「出来ない」とは絶対に言いたくないプロ意識が苦悩を挑戦への喜びに変えているのでしょう。「喜び？　違うよ！」という師匠の声が聴こえてきそうですが。

続く「鉢巻地蔵」はもっと大変で、条件クリア型のストーリー展開の場面場面に沢山の人物と、そしてお地蔵様二体が登場します。地蔵の表現に正解はないですが、「地蔵だから首を回しちゃヘンだし」と真剣に仕草を考える師匠はやはり苦悩と悦楽のはざ間に身を置くプロの表現者でした。ZOOMのこちら側で勝手に「いや、それじゃないと思います」とか「今、セリフが抜けました」と言うわたしは師匠にとっては憎き鬼と映ったことでしょう。「打倒、黒田！」という鉢巻を密かに作っておられるかもしれません。

三　さん喬落語への影響

わたしは落語についてはまったくの素人です。新作をいくつ書いたからとて、所詮、門外漢です。「柳家さん喬」という落語家のたくさんのファンがガッカリなさらないように、『なんだ、あんな新作なんかやって』と思われないようにと、いつもそのことを胸に刻んで創作をしています。圓朝作品などは別として、古典落語の多くは「作者不詳」です。ですから、わたしも「黒田絵美子作」なんて銘打たずに存在を消して、純粋にさん喬師匠の語る作品として新作落語を口演していただきたいというのが本音です。

師匠からすると、わたしへのお気遣いからチラシやパンフレットに名前を載せる手配をしてくださいますが、最近は、「師匠、載せないで」と言うようにしています。でも、そうすると、お客様のほうから「これは誰が書いたの？」という問い合わせが師匠やプロデューサーのところに来るそうで、ここは悩ましいところです。

一方、師匠の落語の表現についてわたしが勝手な意見を申し上げること、これについては、臆することなく申し上げようと決めています。もちろん、失礼のない範囲で。「いや、じゅうぶん失礼だ！」(今、師匠の心の叫びが聴こえました)。

わたしは、落語に関しては素人でも、観客として師匠の演技がどう見えるか見えないかは言えるからです。そして、師匠ほどの地位(というと、師匠は『いえいえ』とおっしゃるでしょうが)、ここまでの芸歴の方に、「師匠、そこはもっとこうして」とか「それじゃあ、そうは見えない」なんていうダメ出しが出来る人はわたししかいないと自負してもいるからです。

芝居の世界では、演出家は俳優の演技に対して色々なダメ出しをするのが常です。また、芝居の途中で止めて「そこはねぇ」などともう一度やり直してもらう、これは「小返《こがえ》し」といって、別に珍しいことではなく、ごく当たり前に行われていることです。ですが、本書で師匠も語っておられるように、落語の演出家は演じるご自身です。

ずっと昔、ご一門の芝居の稽古をしていた際、わたしが遠慮なく師匠の演技にダメ出しをしていたら、お弟子さんたちが目を丸くして、見なかったふりをし始めました。師匠の長台詞のところがどうもうまくいっておらず、学校の居残り勉強みたいに師匠だけひとり、わたしから何度も同じダメ出しを受けてそこをやり直していたら、お弟子さんたち(当時は四人でした)が、着物を畳んだり、荷物をまとめたりと、『あたしは見ていませんよ』アピールをして、一生懸命師匠を守ろうとなさっていました。

でも、そうやってひとつの作品を創るまでの過程の苦労をお弟子さんたちに敢えてお見せになることで、師匠は『おれだってこんなに頑張ってるんだぞ』という無言の教育をなさっていたように思います。

「素直が一番」と、常々師匠は小さん師からの教えの言葉をおっしゃいます。でも、時には素直になれないこともあります。わたしが「因縁の『たちきり』事件」と名付けているエピソードがあります。
五、六年前でしたか、師匠が本を出されて、その中で「たちきり」の若旦那の男としての弱さについて語っておられるくだりがありました。師匠からその本を頂戴したわたしは、そこを読んでとても怒りました。わたしはマインドが体育会系（体育は出来ないのに気性は強いので自身でそう思っています）なので、自分の意見をやんわり綿にくるんで伝えるという芸当が出来ない性分なんです。
なぜわたしがキレたか？　それは、本の中で師匠が亡くなった小糸への若旦那の誓いについて、「そうは言っても男なんて弱い生き物ですから、すぐにかみさんをもらったりして」というようなことを語っておられたからです。でも、実際に師匠が演じる「たちきり」では、若旦那は小糸の位牌に向かって、「女房と名の付くものは生涯持たないから」と心からの詫びと誓いの言葉を切々と伝えます。そこに嘘はないです。だからこそ、お客さんも感動して涙するのです。

ご自身のお創りになる噺がそうなのに、「どうせ、この男は」と冷めたような「たちきり」考を語るのは、師匠の芸をご自身で否定するかのようで、わたしはとても嫌な気がしました。ですから、思ったことをそのまま、「こんな考えだったら『たちきり』をなさる資格はない」という強い言葉で伝えました。今思うと、これはキツ過ぎました。でも、私は謝らない性分でして(性格悪いですね)。以後、他にも何冊か本を出されても師匠はわたしにはくれなくなりました。友人から「今度の師匠の本、面白いわよ」と聞いて初めて『ああ、また本を出されたんだ』と知るような次第で、わたしも意地になって『買うもんか』と思っておりました。

「たちきり」について、また、師匠の本の出版については無言のバトルというか、お互いそこには触れない何年間かが過ぎたある日、コロナ禍で師匠のお仕事が普段より少なくなっておられた頃でした、わりとゆっくりお話しできる機会があった際に、禁断の「たちきり」問題にどちらからともなく話題が及びました。わたしはその時初めて、「『たちきり』を演じる資格はない」という強い言葉を言った理由をじっくり説明することが出来ました。お客さんは、小糸の位牌に向かって立てる若旦那の誓いを心底信じて師匠の噺に聴き入るからこそ感動するのだと。若旦那がその後、誓いを破るかもしれないなんて、演者が言ったら、お客さんの感動を裏切ることになりはしないかと、冷静にわたしの考えを申し上げました。

しばらくじっと考えていた師匠は、「そうですね」と、それはもう素直に納得してくださいました。そして、五年以上に及んだわだかまりがその瞬間に解けました。

後日談になりますが、また別の機会に師匠が今度は対談で「たちきり」の若旦那について語っておられましたので、わたしは、今度はちゃんと話されているだろうなと期待して聴いておりました。しかし、この対談では師匠は、若旦那の蔵住まいについて、「とは言っても連絡しようと思えば手紙の一本ぐらい送れますよねぇ」と、また冷めたことを(喝!)おっしゃっていました。

師匠のお好きな寅さんではありませんが、「それを言っちゃあ、おしまいよ」と思って再度ダメ出ししました。

シェイクスピアの『ロミオとジュリエット』だって、ほんの些細な勘違い、仮死状態のジュリエットが本当に死んでいると思ったロミオが自害して、目覚めてそれを知ったジュリエットがまた自害する。あれを「ちゃんと事前連絡すればねぇ」とか「仮死状態といっても体温や呼吸を確認していれば」なんて冷めたことを言う人はいませんよね。悲しい行き違いとして、芝居の中の「本当」を俳優たちが必死になって演じるから感動するのですよね。

「蔵住まいでも手紙の一本ぐらい」とはなんたる噺への冒瀆か、とまたわたしは師匠に嚙みつきました。今度は、師匠はすぐに「ごめんなさい」と素直に謝りました。そして、その後、どこかの高座で「たちきり」をなさった際に、若旦那の嘘のない誓いを心に留めてなさったそうで、「なんだか、これまでとは違う境地に行ったような気がします」とメールをくださいました。そんな時の師匠は、少年のように素直な驚きと喜びを表現なさいます。

落語門外漢のわたしの不躾な言葉を真摯に受け止めてくださるさん喬師匠は、やはり、小さん師匠の「素直が一番」という心を受け継いで芸に生きておられるのだなと思います。

当代きっての名落語家、柳家さん喬師匠に新作落語を書かせていただくという、願ってもない有難いご縁をいただきました。いくつになっても驕ることなく、真摯な姿勢で落語と向き合っておられる師匠に対して、わたしも嘘偽りなく、そして謙虚な気持ちで今後も作品創りをご一緒できたらと思っています。

黒田絵美子（くろだ・えみこ）
中央大学総合政策学部教授。日本アメリカ演劇学会会長。劇団NLT文芸演出部翻訳家。『毒薬と老嬢』『マスタークラス』など、翻訳作品多数。劇作家としても『白いカラス』、『天使の庭』、『ショパンの宵待草』など、柳家さん喬出演作品を執筆・演出。また、本書で紹介されているとおり、柳家さん喬の新作落語を執筆している。

第6章

「笑い」を守る

コロナで変わった落語界、変わらなかった噺家

この3年以上にわたる新型コロナウイルスの影響で、どのお仕事の方も非常にご苦労されたと思います。落語界でも落語番組の収録の際、無観客を強いられるなど、寄席、ホールともにさまざまな困難がありました。

ただ、個人的な話をすると、実はそれほど変わったという感じがしません。たとえば、コロナで廃業した噺家は、ありがたいことに一人もいませんでした。もちろん、落語を見せる場が営業的にも規制されたわけですから、若い噺家さんたちはつらい思いをしたのは事実です。中堅、ベテランもそうです。

もっとも職業柄、噺家は基本的に一人で仕事をしますから、人を雇い続けるために借金をして、ということもありません。そういう意味では一般の方々と比べれば、噺家は多少はラクな業種なのかなと思います。

一方で、寄席は大変でした。というか、今でも厳しい状況は続いています。新宿末《すえ》

廣亭《ひろてい》は、クラウドファンディングという、一般の方々からの投資で何とか乗り切りました。ご支援いただいた皆様方、本当にありがとうございました。

このように、コロナ禍のなかでも、寄席が守られたのはありがたいことでした。もし、1軒でも寄席が廃業に追い込まれるようなことがあったら、噺家も相当厳しかったと思います。

噺家、とくに若手にとって、収入面もさることながら、行動制限、営業制限により、噺家同士の触れ合いが少なくなってしまったのは、やはりかわいそうですし、マイナスだったでしょう。とにかく、落語会がほとんど中止になったため、若い芸人たちが勉強する場がない日々が3年も続いたのですから。

コロナ前のように仲間同士、楽屋でワアワアやり合いながら、「あいつはこういうことを努力している」、「ヤツは急に噺がうまくなった」などといった、芸についての会話ができなくなった気もします。今までたくさんあった肌で感じる学びの機会がなくなってしまったのも、このコロナ3年間のマイナスポイントだったと思います。

ただ、今の世代の人たちは、「どうやったら売れるの？」、「何をすれば、人から注目されると思う？」といったことを、SNSを通じてやり取りしているようです。オンラインで落語会なども積極的にやっている後輩たちを見ると（うちの弟子もそうですが）、たくましいなあと思いました。

一方で、コロナ禍のため、前座修業をマスク着用で始め、二つ目になってもまだマスクをしている人も少なくないので、私は正直、若手の顔がよくわかりません。ただでさえ大勢いるわけですから、「今度、二つ目になりました」と言われても、「俺、こいつに着物を畳んでもらったことねぇんだけどなぁー」と思います。

それでも祝儀は出さないといけないのです。顔と名前が一致しないからといって、祝い事で知らん顔はできないのもこの世界のさだめ（大袈裟？）です。私も二つ目のふりをして、マスクをして挨拶に行ってみようかしら（笑）。

無観客だからこそわかったお客様の真の価値

一般的に、無観客はやりづらいというように思われるかもしれませんが、よくよく考えてみると、昔の文楽師匠や志ん生師匠ら、多くの昭和の大御所たちは、無観客のラジオ、テレビ番組に、のべつ出ていたわけです。

もちろん、コロナ禍で会場にお客様が入れなくなった状況に、当初、戸惑いを覚えました。楽屋でも自分の出番ギリギリに行って、なるべく前座の手を借りずに支度をして、出番が終わったら無言で帰るという日々で、味気ない気もしました。

ただ、私の場合、わりと早い段階で、無観客の状況でも観客を容易にイメージできるようになりました。さらに、それまではお客様の反応や場の空気を読みながらしゃべっていたのが、観客がいないことによって、反応をまったく気にせず、噺を自分流にどう表現できるか、とことん試すことができたのです。

お客様がいないことによって、自分が噺をどう思いのまま表現できるのか、他の表現方法はないのか、ということを追究できました。ですから、観客がいないことは決してマイナスばかりではなかったと思います。お客様がいることによって「ウケなかった」とがっかりしたり、騒がしい客席を見て「なんだろ、あの客は？」とペースを乱されたりせずに済むわけですから。

いえ、決して、お客様に来てくれなくていいと言っているのではありませんよ。

ここは、是非、誤解のないようにお願いしますね。

あくまでも、無観客という特殊な状況下でも学ぶことはあったと、それが言いたかっただけです。得意の英語で言いますと（笑）「ポジティブシンキング」っていうんでしょうか？

お客様は、やはりたくさん来てくださるに越したことはありません。前の章でも述べたように、お客様は最終的には演者にとって最高の演出家なのですから。

その点、無観客で難しかったのは「間」の取り方です。ここで普通は笑いが来るから、ちょっと間を置いていたよなとか、そんなことを思い出しながらやっていました。

その一方で、この「間」ということに関しても、お客様の反応とは関係なしに、自分のとりたい「間」というものもあります。ただ、自分の好むリズムを繰り返していると、自分の間合いでしかしゃべれなくなってしまいます。これはいけません。自分の間合いが最善の「間」ということは、あり得ないからです。

観客とのやり取りで覚えた「間」と、自分が噺を構築するための「間」は違います。お客様を前にして、無観客のときの調子で落語を演じると、自分がやりたいことの押しつけになってしまいかねませんし、そもそも、お客様を前にすると、自分の「間」ではしゃべれません。

落語というものは、7、8割は、お客様とのコミュニケーションで成り立っています。それを無視するということは当然できません。やはり落語はお客様あってのもの。無観客の高座を体験してみて、改めて、お客様が観てくださるというありがたさが身にしみました。

経験を重ねることで得たもの、失ったもの

この本でも何度も使っちゃいましたが、とりわけ近ごろ「若手の噺家は」、「若い人たちは」といった、いかにもベテランぽい発言をすることが多くなりました。ただ私自身、こう思うのです。

「おい、ちょっと待てよ。俺だって、ついこないだまで若手だったんじゃなかったか?」

「ちょっと前に、前座で入門したんだよな。それで、うちの師匠とおかみさんがいて『お父ちゃん、なんか芸名考えておやり』って。そう言われた師匠が2階に上がって、半紙に「柳家小稲」って書いてくれたんだ。ついこないだの話だよな」

そしてこうも思うわけです。

「あんなにネタがあったのに、今、寄席で10個もかけてないよな」と。

本当は昔かけていた噺を、どんどんやっていかなければいけないと思っています。多くは難しいでしょうが、これもやりたい、あれもやりたいという想いはあるのです。

たとえば、「高砂《たかさご》や」に関しては、「俺、得意でやってて、あんだけウケさせてたじゃないか。それなのに、なんで捨てたの、このネタを？」と思います。

「金明竹《きんめいちく》」や「初天神《はつてんじん》」もそうです。

実は小三治師匠の「初天神」は、「おい、ちょっと『初天神』稽古してくれ」と言われて、私が稽古をさせてもらったものでした。

それから「金明竹」も、小三治師匠に「稽古してくれよ」と言われたので、「しゃべるだけなら」ということでお教えしました。もっとも、教えたと言っても「兄さん、それおかしいよ」などとは言えません。絶対に！

他にも、たとえば「片棒《かたぼう》」がそうです。亡くなった春風亭一柳《いちりゅう》師匠（1935〜1981）に教えていただいて、面白く創り上げることができました。そして、それを高座にかけたら、他の噺家さんもやるようになったのです。何人に稽古を頼まれたことでしょう。

このように、多くの噺家がやることによって、噺がどんどん面白くなっていくことがあります。

ですから私は、うまいと思ったら、後輩にも教えてもらいにいくわけです。たとえば、5歳後輩の入船亭扇遊《せんゆう》さんに「悪いけど、『夢の酒』うつしてよ」(「うつして」というのは「稽古をして」という意味です)と言って、教えてもらいました。あるいは、柳亭《りゅうてい》市馬《いちば》さんに『七段目《しちだんめ》』を教えて」といった感じで、先輩、後輩関係ありません。

自分が聴いてうまいと思ったら、たとえ後輩でも稽古をしてもらったほうがいいと思います。それに、先ほどの小三治師匠の話ではありませんが、後輩から教えてもらうほうが、ある意味ラクなのです。

先輩に稽古をつけてもらった噺を自分なりに直してしまうと、「あいつ、勝手に変えやがって」となりかねませんが、後輩に教えてもらった噺をどう変えても、後輩は文句を言いません。言えません。ただし、あいつなら頼みやすいからというような安易な理由で稽古を頼むのはいけませんが。

小三治師匠とともに、北海道、釧路にて。

小さんが語った芸のピーク

うちの師匠がよくおっしゃっていたのは、噺家は60歳が頂点ということでした。

「芸っていうのはな、60歳を頂点だと考えな。歳を取ったら、当然衰える。60歳で、自分の持っていることが全部てっぺんにあるんだったら、その衰え方は徐々に徐々に落ちていくものになる。ところが60のてっぺんに行くまでに努力しなかった人はストンと落ちる」

60歳でもって、自分の力をピークに持っていくことができる。努力してそうできたら、あとはなだらかに落ちる。一方で、60歳までに登るべきところまでに到達していない芸人は、歳に負けて急激に衰えると言うのです。

さらに、こうも言っていました。

「世間の人は、『このごろ、小さんの芸は枯れた』とか言っているが、芸は枯れるなんてことはねえ、下手になってるんだ」と。

師匠のようにいつまでも芸に励む、いつも落語のことを忘れないでいるということが大事だと思います。他に趣味を持つ方も大勢いますが、やはり生涯落語が趣味というほうが、噺家として意味があるのではないか、と思います。なんちゃって、私は趣味がないですから。本当はスケボーが趣味、サーフィンが大好き、とか言えたら格好いいんですが（笑）。

今では若いころと同じようにできない噺も多々あります。

たとえば『大工調《だいくしら》べ』の言い立てをやってみろ」と言われたら、舌を噛むどころではないでしょう（笑）。

あるいは「ガマの油」の油売りの口上は、今でも絶対に全部言えます。実際、最近、勇気を出してやってみたところ、うまくいき「あ、大丈夫だ」と思いました。

しかし、もう一度かける勇気はありません。いえ、かけなくてはいけないとは思っていますが……。

とにかく、噺でエネルギーを燃焼するポイントは、毎回、違っていないといけないと思います。一方で、黒門町、文楽師匠のように、同じ噺は常に1分も違わないという完璧主義、これも凄いことです。ただ、文楽師匠は、「昨日と同じように今日もできるのか？」という怖さと、毎日闘っていたのかもしれません。

現に有名なエピソードがあります。1971（昭和46）年、文楽師匠は「大仏餅《だいぶつもち》」を演じている途中、登場人物の名前を忘れてしまいました。すると文楽師匠はこう言ったのです。

「申し訳ありません。もう一度勉強し直してまいります」

そして噺の途中であったにもかかわらず、高座を降りた黒門町は、以後二度と高座に上がることはありませんでした。

あの黒門町でも、絶句してしまった、間違ってしまった……。

ですから、私など、「絶句する」という恐怖心を常に持ちながら、日々しゃべっているのです。

頭のなかが真っ白になるという恐怖

「落語家さんって、よくあんな長い噺を覚えて演じられますよね。しかも、ネタも何十個もあるわけですし。失敗しない秘けつはあるのでしょうか？」

そんな質問をされることがあります。

しかし、秘けつなんてありません。あったら、私が教えてほしい！

ことあるごとに「頭のなかが真っ白になったらどうしよう？」という不安に駆られています。

実際、ちょっとしたことで噺が飛んでしまうことがあります。

たとえば、しわぶき一つない人情噺のクライマックスで、突然、お客様が開いたスマホのライトが目に入る。すると「あれは何だ？」と一瞬気を取られてしまいます。

途端、「あれ？　あの場面話したっけ？」となってしまうのです。噺が戻ってしまうこともあります。

あるいは、こちらの噺をまったく聴いていないカップル（なんで来たの？）や、隣の人と熱心におしゃべりするお客様（しゃべる係は私です）などが目に入ったりすると、気づかないうちに、また同じところをしゃべってしまうこともあるのです。

もちろん、自分自身の集中力が足りないせいでしょう。いつも、初めてしゃべる噺だと思って高座に上がっていれば、問題ないはずですから。ただ現実問題、年齢に関係なく、高座に上がる誰もが経験していることです。

もちろん、噺が頭のなかから飛ぶ、とちる、噛む、といったことが、すべてお客様のせいだなどと言うつもりは毛頭ありません。

実際、近ごろ「あれ？　きちんとストーリーを話したかな？」と思いながらしゃべることもあります。あるいは、噺の途中で「ああ、名前がなかなか思い出せない。ボケが入ってきたかなあ」と感じてしまうことも、ままあるわけです。

ヘンなたとえかもしれませんが、若い時分はダイエットも簡単にできました。その気になれば、半月ぐらいで2、3キロは落とせました。ところが年を取ると1キロですら、なかなか落とせません。逆に増えたりして。これはなぜ？

もちろん、体の代謝機能が低下していることもあるのでしょうが、それとともに、気の持ちようが変わってしまった気がします。若いころは自分をキレイに見せたい（私だって！）とか、カッコいいって言われたいという意識がありました。

ところが歳を取ると、すべて「まっ、いいか」となってしまう。つまり、努力をすることがだんだん億劫《おっくう》になるわけです。

しかし、それは単なる言いわけであることもわかっています。努力している同世代も、たくさんいるわけですから。たとえば、60歳を超えてマラソンを2時間台で走る人もいます。あるいは5時間かけてマラソンを完走する70代の方もいます。

単純に「すごいな」と思います。芸も同じです。

私ももっと努力して、もっとキレイにならなければ（笑）。

時空を超えて落語と向き合い続けるということ

私より年上の権太楼さん、一緒に真打ち昇進試験を受けた雲助さん、前座のころから打ち解けて青春時代を一緒に過ごした一朝さん、楽屋で「よう！」だけの挨拶で済む仲間たち、みんな歳を重ねてきました。

それでもまだ、私たちはおかげさまで落語の世界にいます。仲間たちも、それぞれに頑張っています。鶏鍋を煮込みすぎると油が浮いてきて、フタのようにギトギトと具を覆ってしまいます。われら年長者が落語界という鍋のなかにただ長くいた結果、上のほうでギトギト固まっているのであれば、これは問題でしょう。

いずれにしても、私は煮込みすぎて鍋を覆う油ではなく、やはり新鮮な具材のまま、鍋の下の醤油汁のほうで若手と一緒に混ざり合っていたい。この鍋のたとえ、わかります？　こないだ、鶏鍋を食べていて、「あっ、このたとえ、今度の本で使おう」って思ったので無理やり差し込んでみました。

とにかく！　私、さん喬は、お越しいただいたお客様にまだまだ楽しさ、笑いを提供し続けたいと思うのであります。

私は１９６７（昭和42）年に五代目柳家小さんに弟子入りして以来56年、この世界で主に古典落語を演じる機会をちょうだいし続けてまいりました。その一方で、本書で申し上げてきたように、新作落語にも力を入れております。なんか、選挙に立つ人の自己紹介みたいですが（笑）。

自分で言うのも何ですが、古典の真髄と面白みに向き合い続けたことにより、新作落語にも深みを持たせることができたのではないかと思います。さらに言えば、新作落語に挑んだことにより、古典の演じ方の幅も広がったように思います。

時空を超えて、古典と新作のあいだを往ったり来たりしていることによって、ありきたりの言葉ですが、改めて「故きを温《たず》ねて新しきを知る」ことの意味がわかった気がします。

せっかく「落語」という最高の「仕事」に出会えたのだから、ギトギトせずに、いつも若い気持ちで、もうしばらく皆さんと一緒に楽しんでいきたいと思います。

古典、新作を問わず、これからも私の落語にお付き合いいただければ、大変ありがたく存じます。今、この本を読んでくださっているあなた、そう、あなたです。

今度は寄席や独演会でじっくりお会いしましょうね。

――おわりに

最後までお読みいただき、ありがとうございます。

ここからお読みの方、はじめまして、柳家さん喬です（たまにおしまいからお読みになる方もおいでになるとか）。このたびは、お買い上げありがとうございます。

すでに読み終わられた方、いかがでしたか？

「はじめに」に書いたように、「読んで面白かったのは、新作落語論と落語の速記だけだった」と言う方もいれば「意外とさん喬の話もよかったじゃあないの。これなら親戚と町内会の連中にも読ませてやろう」と、あと10冊も買ってくださる方も！（いたらラッキー！）

いずれにしましても、読後感を独り占めしないで、周りの方にもこれでもかと言いふらし、ユーチューブやSNSで拡散してくださっても、一向にかまいません。もちろん、よい評価限定でお願いします。あと、回し読み禁止のこと！

悪い評価をふれ回った方には、天狗様のお裁きがくだりますように、なんちゃって。冗談はさておき、せめてこの本をきっかけに、今まで以上に落語界をご贔屓、お引き立ていただけますよう、隅から隅まで、ずずずいーっと、おんねがい、申し上げ奉りまするーっ！（チョ～ン↑これは拍子木の音）

出版にあたり、ご尽力いただいたビジネス社の大森勇輝様、甘粕代三様、ご寄稿いただいた黒田絵美子先生、ご協力くださった皆々様に心より感謝申し上げます。

最後になりましたが、皆様のご健勝とご多幸をお祈り申し上げます。

ありがとうございました。

2023年7月吉日

柳家さん喬

［略歴］

柳家さん喬（やなぎや・さんきょう）

1948年、東京都墨田区本所生まれ。中央大学附属高等学校卒業後の67年4月、のちに人間国宝となる五代目柳家小さんに弟子入り。前座名は小稲。68年初高座。72年、二つ目に昇進、柳家さん喬を名乗る。81年、真打ち昇進。笑いを巻き起こす落とし噺から、心にしみ入る人情噺まで古典落語の第一人者として高く評価される一方、20年以上にわたり新作落語にも力を入れる。一番弟子、柳家喬太郎をはじめ、現在一門は総勢14人。
欧米、アジア諸国で落語、日本語、日本文化の理解を深める活動を続け、2014年、落語家として初となる国際交流基金賞を受賞。その他、87年に文化庁芸術祭賞、13年に芸術選奨文部科学大臣賞（大衆芸能部門）など受賞多数。2017年、紫綬褒章受章。趣味の日本舞踊は藤間流名取。06年より落語協会常任理事。出囃子は鞍馬獅子、紋は丸に三ツ柏。

編集協力：甘粕代三
カバー写真：武藤奈緒子

柳家さん喬「笑い」の流儀

2023年9月1日　　第一刷発行

著　者　柳家さん喬
発行者　唐津 隆
発行所　株式会社ビジネス社
〒162-0805　東京都新宿区矢来町114番地 神楽坂高橋ビル5F
電話　03(5227)1602　FAX　03(5227)1603
https://www.business-sha.co.jp

〈装幀〉大谷昌稔
〈本文組版〉茂呂田剛（M&K）
〈印刷・製本〉中央精版印刷株式会社
〈営業担当〉山口健志
〈編集担当〉大森勇輝

ISBN978-4-8284-2518-4